への称賛

「ひといちばい感受性の強い人（HSP）は、なぜ性格に問題のある人たちの罠にかかりやすいのか。シャヒダ・アラビはセラピストとして、自身の知見や科学的な裏づけをもとに、じつに詳細にその謎を解き明かしている。自分の人生を取り戻し、本来の可能性を花開かせたいと願う人にとって、必読の書だ」

ジョージ・サイモン博士（『他人を支配したがる人たち　身近にいるマニピュレーターの脅威』『Character Disturbance』『How Did We End Up Here』『The Judas Syndrome』著者）

「すばらしい著書だ！　シャヒダ・アラビは今回も、自己愛性虐待（ナルシシスティック・アビューズ）のサバイバーが、自己愛性パーソナリティ障害や反社会性パーソナリティ障害の基準にあてはまるような人物との有害な出会いから効果的に解放され傷を癒やせるように、自身の見識と洞察を織り交ぜながら、科学的根拠に基づいた研究と実践的な戦略を紹介している。私自身、カウンセリングの際にアラビの著書をクライアントに推薦することがよくあるが、実際にあらゆる面で有益だと、みんな力を込めて言う」

アシーナ・ステイク博士（認定結婚・家族療法士、www.psychcentral.com内のブログ「Neuroscience and Relationship with Dr. Athena Staik」にて「What a Narcissist Means When He Says"I Love You"」執筆中）

「シャヒダ・アラビの新著は、心の回復を支える貴重な1冊だ。新しいタイプの毒のある人について明らかにし、彼らから身を守るための実践的なアドバイスや、多くのサバイバーに共通する隠れた強みを教えてくれる。共感力の生かし方を説く、必携の書だ」

ジャクソン・マッケンジー（『Psychopath Free and Whole Again』著者）

「シャヒダ・アラビは、私たちの世代の代弁者であり、世界的な専門家であり、勇敢なオピニオンリーダーだ。

　本書は、HSPが経験することについて解明するだけでなく、HSPが真の自分自身を見つけ、特有のすぐれた能力を生かして自分らしく生きられるように導いてくれる。あなたが繊細で、直感が鋭く、他者の気分や感情に敏感なタイプなら、感情と賢く付き合う方法だけでなく、あなた自身の人生とこの世界をよりよいものに変える方法を本書から学ぶことだろう」

モニカ・M・ホワイト（認定心理カウンセラー）

「私はシャヒダ・アラビの大ファンだ。彼女は入念に調査したうえで根拠を示して執筆しており、その博識ぶりにいつも驚かされる。しかも、ウィットに富んだ書きぶりで惹き込まれる。本書は、自己愛性虐待とは何かを知ったばかりの初学者にとっても、すでに深い理解と認識のある人にとっても、有益なはずだ。セラピストや弁護士、裁判官、サバイバーにも強くお薦めする」

クリスティン・スナンタ・ウォーカー（ポッドキャストで1200万人以上のリスナーをもつ世界初のメンタルヘルス専門局Mental Health News Radio Networkの創設者）

「本書は、HSPはいうまでもなく、毒のある人を理解し、うまく対処し、なんとかやっていこうと苦心したことのあるすべての人にとって、必読の書だ。シャヒダ・アラビは、そんなあなたがこれまでに必要としたであろうすべての情報と答えを、みごとなまでに明快に関連づけて提供している。私自身、毒のある人たちに囲まれた地雷原で途方に暮れ悩んでいたときに、本書と出会いたかった。本書を読めば、間違いなく人生が変わるだろう」

アニー・カジーナ博士（感情的虐待からの回復支援専門家、『Married to Mr. Nasty』著者）

敏感なHSPによる毒人取扱説明書

シャヒダ・アラビ 著　黒住 奈央子 訳

アンドレア・シュナイダー 序文

the highly sensitive person's guide to dealing with toxic people

How to RECLAIM YOUR POWER from NARCISSISTS and OTHER MANIPULATORS

by Shahida Arabi, MA

Foreword by Andrea Schneider, LCSW

The Highly Sensitive Person's Guide to Dealing With Toxic People
How to Reclaim Your Power from Narcissists and Other Manipulators
by Shahida Arabi

目次

序文
Foreword

親愛なる読者の皆さん

シャヒダ・アラビの新刊に序文を寄せることを、大変光栄に思う。自己愛性虐待（narcissistic abuse）〔過度に自己愛の強い人によるさまざまな虐待〕からの回復という分野に、幸運にもアラビとともに取り組んで5年あまりになる。私は認定臨床セラピストとして、クライアントが自分の置かれた状況を検証し、研究に裏打ちされた手法やアドバイスを手にして心の傷から立ち直ることができるように、アラビの書いたものや、有益で参考になる彼女のウェブサイトをたびたび紹介してきた。

本書でアラビは、当事者を力づけ傷を癒やすための具体的かつ現実的な解決法を、研究成果を織り交ぜながらも、関心をもって読みやすい文体、かつ実践しやすい形で提供している。事実を共感的に述べ、近しい間柄における虐待サバイバーや、さまざまな毒のある人と遭遇した人の経験に基づいた戦略を教えてくれる。「毒がある」といっても、良性から悪性まで幅があるが、もしあなたが自分の人生で出くわす毒のある人への効果的な対処法を探しているなら、もう探す必要はない。あなたは正しい場所にたどり着いた。これ以降のページには、科学的根拠に基づいた知識や、あなたの長所に着目した知恵がぎっしりと詰まっている。また、他者との境界線の引き方や、心の傷の癒やし方、セルフケア、親密な関係にあるパートナーが毒のある人だった場合の対処法などについて、きわめて効果的で実践しやすい方法が提案されている。

本書には、この分野におけるアラビの最新の知見が反映されている。ＨＳＰが、習慣化して悪循環に陥りやすい虐待の影響から抜け出し、人間関係のトラウマを克服できるように、心理的虐待の仕組みや人間関係のトラウマが脳に与える影響、他者を操ろうとする人へのもっとも効果的かつ具体的な対策について、詳細な情報を共有し、鋭い指摘をしている。しかも全体を通して考察に実践例がうまく組み込まれ、サバイバーが自身の認識をあらたにし、革新的なアプローチで立ち直れるように支えてくれる。

あなたはずっと疑問に思っていたことへの答えを見つけるために、自己愛性虐待やＨＳＰ、エンパス、ナルシシスト、サイコパス、心理的虐待などに関して、すでにウェブサイトを検索して多くの記事を読んだことだろう。ＨＳＰやエンパスは、ひといちばい共感力が高いという特性をもつ人たちで、しばしば近しい人間関係において虐待のターゲットにされやすい。アラビは本書で、ＨＳＰと毒のある人のあいだに働く心理的なダイナミクスの全貌を分析し、ＨＳＰ

が回復期に心の盾を作るための実践的な方法を提示している。ＨＳＰが生来のすぐれた力強い能力を発揮して、健全な人間関係や境界線の引き方を見出し、心の傷を癒やせるように勇気づけてくれる。自分自身について理解を深め、何が起こっているかを知り、傷の癒やし方を学び、前向きに自分らしく生きる方法を見つけたいと願っているＨＳＰにとって、本書以上に有益なものはない。

私のもとを訪れるクライアントたちも、アラビは科学的な根拠に基づいて、強みを生かす方法を教えてくれるのがほんとうにすばらしく、助かると、声を大にして言う。アラビはサバイバーの経験することや痛ましい自己愛性虐待から回復する道のりを的確に把握し、ナルシシストなど毒のある人の現実にもしっかりと根ざしているため、その著述は共感に満ち、読者の心に届く。アラビは、サバイバーがガスライティングや責任転嫁といった心理的虐待の手口で投影された恥を、しばしば自分のものとして内在化してしまうことを十分に認識している。また、人を操ろうとするマニピュレーターによって築かれることの多い依存のサイクルから抜け出そうとして、その反動に苦しんでいることも承知している。だからこそ、思いやり深く寄り添う書きぶりで、とにかく臨床的に意義のある確かな回復法を伝えようとする。まるで人間関係のトラウマから立ち直ろうとする旅路で、傷ついた仲間を慰める賢明な友人のようだ。

親密なパートナー間の虐待、とりわけ心理的虐待からの回復というテーマにおいて、アラビはまぎれもなくもっとも学識ある発言者のひとりである。しかも、信頼できる真のライフコーチであり、研究者であり、作家であり、読者にとって見本となる実践例である。サバイバーに手を差し伸べてきた経験や研究活動から、何が効果的かを知っている。そうした活動や個人的な体験をもとにして、この分野におけるほかの専門家の意見も参考にしながら確立した回復法を思いきってわかりやすく紹介してくれる。

そんなわけで読者の皆さん、温かいお茶を用意して、暖炉に火を入れ、ソファでくつろぎながら、本書を手に取ってみてください。心理的虐待からの回復とＨＳＰという分野へのすばらしい貢献を味わってください。揺るぎない自信をもったＨＳＰへと変身するためのステップを学ぶうちに、あなたもきっと癒やされるでしょう。

アンドレア・シュナイダー
医療ソーシャルワーカー、臨床ソーシャルワーカー

はじめに
——HSPが毒のある人と出会ったら

Introduction: The Highly Sensitive Person's Journey Among Toxic People

２０１６年に私の書いた「20 Diversion Tactics Highly Manipulative Narcissists, Sociopaths, and Psychopaths Use to Silence You（他者を巧みに操るナルシシスト、ソシオパス、サイコパスがあなたを黙らせるために使う20の迂回戦術）」という記事はあっという間に世界中へ広まり、１８００万人以上に届いた。自己愛の強い人からのサバイバーに加えてメンタルヘルスの専門家までが、認知を広げようと熱意をもって記事をシェアしてくれたおかげだ。実際に経験した人からは、他者を操ろうとするマニピュレーションの手口を明かされて驚き、彼らの自己愛の強い元配偶者やきょうだい、親や同僚のことを私が知っていたかのようだというコメントが数多く寄せられた。長年にわたって理解し認めてもらいたいと思ってきたことに対して、何かをつかめたと訴える手紙もたくさんあった。

ＨＳＰには、さまざまな毒のある人と遭遇しやすいという特異性がある。というのも、マニピュレーターは搾取する対象として、共感力が高く、誠実で、感情に基づいて反応する人を求めているからだ。私に連絡してきた人の多くは、ナルシシストやソシオパス、サイコパスといった、きわめて毒性の高い人と出くわしていた。犠牲者たちは次のような体験をしていた。

- 自己愛の強い毒のある人と、親密な人間関係や友人関係、職場、ときに家族内で出会った。
- 毒性の高いタイプの人によって、無情で残酷な方法で美化され、評価を下げられ、妨害され、なすすべもなく見捨てられた。
- 心をさいなみ人格が崩壊するような暴言や心理的虐待にさらされ、ときに身体的または性的虐待まで受けて、何カ月も、何年も、あるいは何十年も苦しんできた。
- 閉ざされた空間のなかで、パートナーによって孤立させられ、抑圧され、過小評価され、支配された。
- ストーキングやハラスメント、病的な嫉妬、怒りの爆発、常習的な浮気、病的な虚言に耐えてきた。
- 巧妙な企みやうその標的にされて、貶められ、気力を奪われた。

私は自己啓発書の著者として、毒のある人からのサバイバー数千人とやりとりしてきた。そこでわかったのは、ナルシストなどの有害な人にとって、共感力の高い人や誠実な人の感情を操作して、「自分は妄想を抱いているのかもしれない」とか「どうせ失敗する」とか「過剰に反応しているだけだ」と思い込ませることなど、いとも容易だということだ。それゆえに、共感力の高い人や誠実な人が標的にされ、自己不信に陥れられるのである。

本書を手に取っているということは、あなたも身のまわりにいる毒のある人にまいっているのかもしれない。それがあなたのことをたえず批判する横暴な同僚であろうと、あなたのことを日常的にけなして虐待するパートナーであろうと、毒のある人はあなたの心身に大きな害を及ぼす。それほど悪意のないマニピュレーターであっても、不快感やストレス、イライラの原因となって生活全般に不満をもたらし、たまに相手をやり込めるようなこともする。ところが、ナルシシストのように共感力に欠け、あなたの健康や幸福、命にすら深刻な被害や危険を及ぼす悪性度の高いマニピュレーターは、人間関係において相手を操ろうとすることが基本姿勢になっている。悪性のマニピュレーターは変化を期待できそうにない、はじめからプログラムされたような態度を示すのに対して、良性のマニピュレーターは変化や線引きを受け入れやすい傾向にある。悪性度には幅があるとはいえ、あらゆる度合いの毒に備えておくことは、HSPにとって人生で学ぶべき必須スキルである。

私にメッセージを送ってきたサバイバーたちは、じつに繊細で、共感力が高い。人生を通じて「敏感すぎる」と言われてきたような人たちだ。もしあなたが自分もHSPかもしれないと思うなら、本書はその繊細さを、自分の内なる声にたえず背くことに使うのではなく、自分の直感に耳を澄ませて、そうした類のまやかしを見抜くために使えるようになる一助となるにちがいない。

マニピュレーションや虐待は密かに行われるため、自分の身に何が起こっているかを突き止めるまでは、人知れず苦悩することだろう。これはガスライティングと呼ばれる手口にはつきものだ。ガスライティングとは、あなたの認識や現実がつねに疑問視され否定されるような有害な人間関係のなかで、山ほど根拠があるにもかかわらず「それはあなたの想像にすぎない」とか「敏感すぎる」とか「物事を誇張している」などと言われつづけることである。そのサバイバーであるアニーは、自己愛の強いパートナーとの気がおかしくなりそうな、めまいのするような会話を打ち明けてくれた。「議論になると、私はいつも自分の言い分を複数の事実で裏づけるようにしていました。でも、彼はそうした事実を取り上げては都合よくこねくり返し、議論が終わるころにはそのうちのいくつかがむしろ彼にとって有利な事実になっていて、私は途方に暮れ、頭がおかしくなりそうでした。そもそも自分の言い分を主張するべきだなんて、どうして思ったりしたのだろうと自問しながら、その場をあとにするのがいつものことでした」

このような方向感覚を失わせる言動には、ガスライティングの被害者を自己不信に陥らせ自重させるというねらいがあり、作用がある。クリスは自己愛の強いガールフレンドから心理的虐待と性的強要を受けていた。ふたりの関係はガスライティングや心理戦に満ちていたが、それは隠れて行われる虐待にありがちなことだ。クリスは言う。「そのうち僕は自分の直感や正気まで疑うようになった。彼女は、僕の考えのほうがまっとうだという根拠にはとりあわず、相反する作り話を僕の周囲に言いふらしていた。しかも、僕にとっては心地よくない性的行為に強引にもち込もうとして、僕が応えられないと、面目をつぶすようなことを言った」

ほんとうは加害者なのに被害者になりすますガスライティングは極端な例だと思うかもしれないが、虐待の現場ではしばしば見られることだ。毒のある人は相手を思いどおりに操れなければ、会話をコントロールしようとしてののしったり、うそを言いふらしたりすることが多い。もうひとりのサバイバーであるモリーは、自己愛の強いパートナーが彼女を陥れるために自らの死を演出し、彼女の正気が疑われるようなでたらめを広めようとしたという痛ましい出来事を書き送ってくれた。「彼は銃口を自分の頭に向けて、自殺すると宣言しました。そのうえ、もし私も彼のあとを追って自分を撃たなければ、責任が確実に私に向くように、殺人に見せかけて死ぬとも言いました。彼は自分の家族や親しい友人たちに、私たちは真実の愛で結ばれているとよく言っていたものです。そのくせ陰では、私が正気を失って、いつ自殺してもおかしくない、それでも、自分はそんな私を支えるためにできるかぎりのことをしていると、うそを告げ口していました。私は自殺願望なんか抱いたことはありません。彼の一連の行動のせいで、私は親友たちや家族の信用をすっかり失い、社会から孤立して、生まれたばかりの赤ちゃんの世話をしながら1日1食、口にするだけの生活になってしまいました」

毒性に幅があるとはいえ、こうした情のない残虐性を軽視することはできない。とりわけナルシシストのように共感性に欠ける場合は放っておけない。これは一般的な人間関係のトラブルやコミュニケーションの行き違いといったものとは異質な、憎むべき典型的な虐待であり、計算された心理戦である。自己愛の強い人が被害者に報復する話は枚挙にいとまがない。なかでも、被害者が相手から離れる決心をした場合は、ストーキングやハラスメントをしたり、ふたりの親密な写真を公開したり、職場にまで誹謗中傷を広めようとしたりするなど、見境がなくなる。たとえば、有害なパートナーによって麻薬常習者だという虚偽を雇用主に吹き込まれたという話を、少なからぬ被害者から聞いたことがある。

また、有害な人は、愛する人が苦境に立たされているときや悲しみにくれているとき、妊娠中や流産したとき、生死に関わる病気を患っているときにさえ見捨てるという恐ろしい事例が数多くある。サバイバーのトレイシーはこんな話をした。「医師の採取した組織から進行が速く予測のつかないタイプのがんが見つかり、再発やほかの組織や器官への転移の恐れがあるため、手術して切除する必要があるとのことでした。私はその日の夜、レストランで夕食を囲んでいたときに、彼にそのことを打ち明けました。彼の返事ですか？　『俺たち一晩中、君のがんについて話し合うことになるの？』でした。手術を終えた朝、コーヒーをいれてもらえないか頼んだら、『なんで自分でできないの？』と聞き返されました」

普通に人の気持ちのわかる人にとって、こういった思いやりのなさは経験がなく、信じがたいものだ。ところがナルシシストにとっては、これもひとつの生き方なのである。毒性が高ければ高いほどサディスティックで、意図的に悪意をもつ傾向がある。別のサバイバーのポーリーンは次のように語った。「彼は私に『毎年、お前の誕生日にお前を泣かせないと、自分の仕事をした気にならないよ』と言ったんです。うれし泣きさせるという意味なんかじゃありません。私は彼が友人のウエディングパーティーのあと、披露宴で花嫁の付添をした女性とホテルのベッドにいるところを目撃してしまいました。ホテルの部屋のドアを開けて、ふたりが一緒にいるところを見たとき、彼は私に言い放ったんです。『お前は真ん中がいい？　それとも俺？』」

家族内に毒のある人がいて、そういう人に育てられた人もいる。サバイバーのダミアナは病気で療養中に、自己愛の強い母親から見捨てられた経験をこう語った。「母は一日中、外出していました。父が気づいたとき、私は嘔吐物のなかで気を失っていました。腹膜炎を起こして命の危険があり、救命救急室で手術を受けました。その後、1週間入院しましたが、母は二、三度お見舞いに来ただけで、私をひとりきりにしたことを一度も謝ってはくれませんでした。二度目に放置されたのは、私が12歳のときのことでした。水疱瘡にかかって体調が悪かったのに、母は私が家で休むことさえ許してくれませんでした。はじめの日に私の寝室へ来ると、『この家から出ていきなさい！　顔も見たくない！』と、怒ったように怒鳴り散らしました。水ぶくれができて体中がかゆかったのに、それから数日間、外の通りで過ごさざるをえませんでした。恥ずかしいし、ほんとうに困りました」

毒のある子育ての影響は、一生続くこともある。自己愛が強く、身体的な虐待をする父親に育てられたアマンダは、そのせいで、おとなになった今も苦しんでいると私に語った。アマンダは自分の下した判断が正しいかどうか、いつも不安に襲われ、自分の認識や行動が正しかったという確証を得るために人の様子をうかがうことが癖になったという。「自分なりの状況判断やその対応について、あとになって、あれでよかったのか、ああすればよかったなどと、いつも考えてしまいます。現実に対する自分の感覚に自信が持てないみたい」。トラウマを理解し、傷が癒えはじめたのは、父親の行動にようやく名前がついてからだった。「私はいつも感じていました。自分にはどこか本質的に悪いところがあるんじゃないかって。でも、悪いのは父のほうだったんです」と、アマンダは話を結んだ。

このように、あとになってあれこれ悩んだり後悔したりするタイプは、自己愛の強い親に育てられたアダルトチルドレンや、ナルシシストから虐待を受けたサバイバーに多い。前著の執筆のために、自己愛の強い親に育てられたアダルトチルドレン733人にアンケート調査をした結果、長期にわたるガスライティングによって、しだいに自己不信を植えつけられるだけでなく、成人しても自尊心が脆弱なままであることがわかった。傷つきやすい子ども時代にトラウマを経験するせいで、ナルシシストのもとで育ったアダルトチルドレンは、自分には欠陥があるという感覚をもつのである。そのため、自分を恥じたり責めたりする気持ちで心を蝕まれ、自傷行為や依存、自殺念慮に苦しみ、成人してからもナルシシストと関わってしまうというパターンに陥りやすい。

自己愛性虐待は、友人同士のあいだでも起こる。自己愛の強い友人がよくターゲットにするのは、自分を脅かす存在か、妬ましく思う相手だ。恋愛関係とおなじように、自己愛の強い友人は、はじめはHSPの信頼を得るために、お世辞を言ったり喜ばせるようなことをしたりする。ところが、それはあとでHSPを妨害したり評判を傷つけたりするためだったという話を何度も聞いた。あるサバイバーは、いい友人だと思っていた相手から突然裏切られたという話をした。はじめは好意的で温かい人柄に見えたのに、その後、前代未聞の残酷さで、あからさまに彼女のボーイフレンドを追いかけはじめたという。「あの子は私の恋愛関係をまんまと壊したことを得意がって、私より優位に立ったようにふるまいました。しかも、あえてこの出来事を周囲に広めて、共通の友人たちの前で私のことをこき下ろしたんです」。計算された中傷と結びついたこの裏切りのショックは大きく、彼女は極度の緊張や食欲不振、気分の落ち込みに苦しんだ。「人がどれほど残酷になれるかということを、早いうちに学ばせてもらった」と、彼女は言った。

悪意ある捕食者《プレデター》の罠にかかったHSPは、自分自身を責めがちで、狡猾な虐待に遭っても自己の内面に目を向ける傾向がある。結局のところ、感受性の強さは、潜在的なスキルというよりも悩みの種だと、社会から学んでしまっているのだ。そのせいで、マニピュレーターに反論したり、しまいには自己主張したりすることにさえ、死刑宣告を覚悟するような心境になる。マニピュレーターが巧妙な偽りの仮面をかぶっている場合はなおさらだ。サバイバーであるレベッカは、元夫のことを「正義のマント」をかぶった立派な人と評した。「私はさまざまな面で影響を受けました。自分がだれか、わからなくなりました。自分で決めることもできなくなりました。無力感と絶望感にとらわれて、自分のことが大嫌いでした。やがて、私は頭がおかしくなったんだと考えるにいたりました」。数えきれないほどのサバイバーから聞いたことだが、自己愛の強い人たちは、いかなる形態の虐待もしていないということを、なんとかして世間に納得させようとする。言葉による虐待も、身体的虐待も、性的虐待も、経済的虐待も、もちろん心理的虐待も、何も存在しない、と。

これは「通常の」離婚や親密な人間関係のもつれとはまったく異質の問題である。ところが、それを理解しない裁判制度や法執行機関、家族、友人、ときには自分のセラピストによって、私たちの訴えは無効にされてしまう。これはサバイバーの人生と心の健康をあらゆる面で崩壊させる心理的な力関係の問題である。心理的虐待には、自尊心や自己肯定感を長期にわたって弱め、損なう力があるのだ。

心理的虐待がとりわけトラウマになりやすいのは、計り知れない苦痛を経験していても、それを証明する手立てが見つからないからである。被害者がなんとか対処法を見つけようとセラピーに通っても、誤った見立てをされるか、その関係から抜け出すのではなく、虐待者に順応するように助言されるだけの場合もある。それどころか、相手は人の心がわかる、変わることのできる人物だと信じるように言いくるめられる可能性すらある。不運にもカップルセラピーに参加して、自己愛の強いパートナーが言葉巧みにセラピストをだまして被害者面をし、セラピー室をさまざまな策を披露する独壇場にしてしまうこともある。

このように、すべてのセラピストや専門家が、捕食者タイプの人物による虐待や密かなマニピュレーションの力学を十分に理解しているとはかぎらない。それはなぜか？　真のナルシシストやサイコパスは、裁判所に命じられでもしないかぎり、セラピーには行かないし、さまざまなもっともらしい偽りの仮面をかぶっているからだ。毒のある人は、否定と権利の世界に生きており、自分のために他者を巧みに利用することによって報酬を得たと感じる。そのような病的行動は、こっそりと秘密裏に行われるのが特徴である。したがって、傷を癒やすためには、心からわかってくれるサバイバーやトラウマに関する知識の豊富なセラピストに実態を認めてもらう必要がある。

こうしたサバイバーのように、ひょっとするとあなたもそのひとりかもしれないが、私は、毒のある人のやり方や、ＨＳＰとして世渡りすることがどのようなものかを熟知している。同級生からひどいいじめを受け、心理的虐待を目の当たりにしたことによって、私は人生をかけてセルフケアを究めることになった。感受性の強さと共感力の高さのせいで、私はさまざまな毒のある人たちを前にして恰好のターゲットとなり、ひとたまりもなかった。私の子ども時代は、自己愛が強く共感性の欠如した人と友達や恋人関係になるようにプログラムされていたかのようだ。ナルシシストからの多くのサバイバーとおなじで、私は職場でもストレスのたまる環境に巻き込まれていった。なじもうとしたり、対処しようとしたりしたが、最終的にはそうした環境から脱することによって、自分にうそをつくことなく、ほかの方法ではなしえなかったような成長をすることができた。

私は自分自身の経験からもサバイバーの話からも、毒のある人が引き起こした惨状から立ち直るためには、途方もない内面的な作業が必要であることを知っている。わずか20歳のころ、すでに瞑想を日課とし、あらゆる種類のヨガを実践し、認知行動療法や眼球運動による脱感作および再処理法、感情解放テクニック（ＥＦＴ）、弁証法的行動療法（ＤＢＴ）を有望な治療法として試していた。自己啓発書を数百冊も読み、ニューヨーク大学とコロンビア大学、ハーバード大学の大学院課程で心理学と精神病理学と社会学を履修した。論文を執筆するにあたって、いじめについて調査し、私とおなじようなサバイバー数千人にアンケートを実施した。コロンビア大学の修士論文では、いじめの被害者に取材したが、なかにはのちに自己愛の強いデート相手のターゲットになった人もいた。私はこれらすべての経験を通して、毒のある人が弄する戦略と、さまざまな状況で効果的に彼らに対処する方法について、深い理解と確かな知識基盤を手に入れた。

あなたも毒のある人と関わることによって、それまでの自分にはなかったスキルや知識が身についたと感じているにちがいない。紛争地を生き抜く多くの子どものように、いまやおとなになった私は、たいていの人よりもはるかに毒性を見抜く目をもち、見分けられるようになった。毒性にも幅のあることを学んだ。意図せずに毒のある行動をする人もいれば、計算ずくの悪意をもった人もいる。自分に厳しく反省し努力して変わることができるのは、そのうちのほんの一握りで、ほとんどが狡猾で攻撃的なままだ。ＨＳＰは、自分を傷つけようとする相手の思考回路を理解するためにも、こうした不快な真実を受け入れなければならない。

あなたがＨＳＰなら、毒のある人がもっと他者に共感し、思いやりをもつように導こうと、非建設的な努力をきっと何年も続けてきたことだろう。なんとかして毒のある人に一線をわきまえ、解放してもらえるように、もがいてきたにちがいない。本書のねらいは、ＨＳＰがそうした害になる習慣をやめて、自分自身のセルフケアや線引き、自分の身を守ることに、あらためて目を向けるようにすることだ。私は本書に、人生の教訓や知恵をまとめた。自分自身の人生から学んだことだけでなく、何千ものサバイバーから教えられた知恵や、数多くの専門家とやりとりしながら毒のある人に対する理にかなった効果的な対処法を練り上げるなかで蓄積してきた知見も織り交ぜている。

他者とのあいだに健全な境界線を引こうとすれば、だれかを直したり、人として基本的な礼儀を教えたりすることは、あなたの仕事でも責任でもないということがだんだんわかってくるはずだ。あなたは彼らの親でもなければ、セラピストでもない。それでも、あなたは、なんとかしようと骨を折ってあげる甲斐もない人たちに対して、きっとかなり寛大に接してきたことだろう。あなたの時間を、相手を変えるために愛情を注ぐことではなく、自分の人生に介入させる価値のある人なのか、距離を置くべき人なのかと考えることに費やすほうがいい。彼らはおとなだ。自分の力で変われるはずだ。

本書はセラピーの代わりにはならない。認定セラピストのチェックを受けてはいるが、あくまで自己啓発のためのガイドである。認定された専門家のセラピーを受ける際も、トラウマが癒やされてきているか、つねに確認するべきだし、本書のアドバイスを実際に取り入れるときも用心深く、自分自身の安全に気を配る必要がある。本書にあるセルフケアのヒントは、あなたが自己評価を高め、傷を癒やし、線引きする旅路を助けるためのサプリメントにすぎない。自分に効果のあるものを選び、状況に合わせて自分なりに変えていい。本書の情報によって、あなたが豊かな感受性という才能を生かすだけでなく、毒のある人を戦略的に避けられるようになれたらうれしい。

自分のことを毒のある人に絡まれやすいＨＳＰだと思っているなら、それはあなただけではないと知ってほしい。ＨＳＰならではの特性のなかには、感情に訴えてくる捕食者タイプの人に対して弱点になるものもたしかにある。しかし、毒のある人に気づいてしっかりと線引きし、感情を操作しようとするマニピュレーションに正面から立ち向かうための武器として使えるものもある。

社会はあなたの繊細さを弱さだと教えてきたかもしれないが、最大の強みにもなりうる。あなたの「特別な」繊細さは、内なる警報システムであり、盾である。危険が迫ると、いち早く作動する。その能力を生かすコツは、自分の感受性に意識を向けて、内なる声に耳を傾けることだ。他者に共感できるあなたにとって、繊細さは大きな力である。このあとの数章では、その偉大な力を使って異なるタイプの毒のある人を見分け、あなたの強い感受性と必要なセルフケアにもっとも即したやり方で彼らとの関係をかじ取りする方法を紹介する。

第1章

まぜるな危険
――HSP、マニピュレーター、ナルシシスト

The Trinity: HSPs, Toxic Manipulators, and Narcissists

強い感情に圧倒されて毎日を過ごしている？　自分が他者の感情や言動をたえず吸い込むスポンジのようだと感じる。人とやりとりするとき、相手の表情やちょっとした声色の変化、言葉で表現されない身ぶりやしぐさを敏感に感じとり、すべてを吸収してしまう。批判や対立が起これば激しく動揺し、その日1日がだいなしになることもある。人の多いところは疲れ、光が明るいと落ち着かず、荒い手触りや強い香りが気に障る。気がつけば、毒のある人と付き合ったり、自己愛の強い人につけ込まれたりしていることが多い。本書を手に取っているということは、あなたにもこうした現実があり、心理学の研究者たちが「highly sensitive person（HSP、ひといちばい感受性の強い人）」と呼ぶ〝繊細さん〟である可能性が高い。

あなたはこれまでいつも自分が人とは違うように感じてきたのではないだろうか。ひといちばい感じやすい。ひといちばい世界を鮮やかに、深く体験する。まるで人より大きな音量で世

界と出会うみたいだ。エレナ・ハーディッカーホフはＴＥＤトークで、感受性の強い人について次のように語っている。「すべての感覚が過敏な状態にあり、すべての感情が増幅される。悲しみはどこまでも深い悲嘆であり、喜びはもはや恍惚の境地だ。理屈など抜きに周囲を気遣い、際限なく感情移入する。身のまわりのすべてが絶え間なく浸透してくる状態を想像してみればいい」（Herdieckerhoff 2016）。これはちょっと変わった性格をしているということではない。れっきとした遺伝的特性の恵みであり、呪いなのである。感受性の強さとは、刺激を何から何まで徹底的に処理するという遺伝的傾向で、周囲の細かな点にまでよく気がつき、ポジティブなこともネガティブなことも、ひといちばい鮮明に知覚し体験する。

あなたは自分ほど感受性の強い人はいないだろうと思っているかもしれないが、それはあなただけではない。ＨＳＰという概念を提唱した心理学者のエレイン・アーロンによれば、総人口の15～20％がＨＳＰだという（Aron 2016）。感覚処理過敏のＨＳＰは、自分自身や自分を取り巻く環境、人間関係に対して、感情面でも身体面でも敏感に反応しやすい。身のまわりで起こることによく気がつくからだ。こうした特性のせいで、刺激を過剰に受け取りやすい傾向があるが、自分の過敏さを理解して対処法を身につければ、対人関係においてすぐれた洞察力を発揮し、多くの恩恵を受けられるようになる。

感受性の強さは、毒のある人の前では弱点になる。というのも、ＨＳＰや、それに近い「エンパス」と世間で呼ばれる人は、他者の感情を自分のものとして容易に取り込んでしまうからである。侵入されやすい境界線をもつせいで、平均的な人よりも、日々の生活のなかで他者からのネガティブな刺激を頻繁に吸収し、他者の痛みやストレスを自分のものとして感じることが多い。度が過ぎるほど良心的で、共感力が高く、他者の欲求を敏感に察知するがゆえに、毒のある人の罠にかかりやすい。そうした両者の相互関係について探る前に、まずは感受性が強いという特性について詳しく見ていこう。自分自身への理解が深まれば、今起きていることをより的確に見抜くことができ、HSPとして健全に生きる道を開くきっかけとなるはずだ。

感受性の強さに対する科学の裏づけ

感受性の強さとは、主観的な感覚ではなく、科学的な事実である。ビアンカ・アセベドらは機能的核磁気共鳴画像法（fMRI）を使った研究で、HSPの脳が、感情を刺激される画像に対して強い反応を示すことを明らかにした（Acevedoet et al. 2014）。HSPは、見知らぬ人の表情を見ても、パートナーの表情を見ても、どちらの場合も認識や共感、感覚情報の統合、報酬情報の処理、そして行動の意図に関与する脳の領域が、同年代の非HSPよりも強く活性化したのである。この結果は、HSPが対人関係や他者の感情に、多くの人より敏感であるという根拠を示したといえる。HSPの感受性の強さを裏づける科学的根拠はほかにもある。

HSPはなぜ人より感じやすいのか――共感とミラーニューロン

ＨＳＰが、他者の痛みに共感して感情的に反応し、その痛みを自分の痛みのように感じることさえあるのはなぜだろうか。傷ついている人を見て、ひといちばい深く心を揺さぶられるのはなぜだろうか。なぜ他者を「直そう」としたり、救おうとしたり、癒やそうとしたりしがちなのか。そこにはミラーニューロンという、他者の行為を見ているだけで、自分は筋肉１つ動かさなくても、同じ行為をしているときと同様に活性化する感覚・運動神経細胞の働きが、ＨＳＰはとくに活発だという生物学的な理由がある（Marsh and Ramachandran 2012）。

ここまで見てきたように、ＨＳＰの脳は、ミラーニューロンシステムを含めて、共感的な反応や認識、感覚情報の処理、行動の意図に関わる領域で、もっとも活発に活動することが研究によって判明している。ＨＳＰがひといちばい共感力が高く、いわば他者の感情を吸い込むスポンジともいえるのは、そうした脳の特性ゆえなのである。さらに、ＨＳＰは他者の痛みを目にしたときに、ひといちばい強く共感し、行動に移そうとする傾向がある（Acevedo et al. 2014）。他者の行為を見るだけで、実際にその行為をする際に関与する脳の領域と同じ部位が活性化するというミラーニューロンシステムによって、相手がその行為の最中に感じているであろうことまで感じとるからである。このように強力なミラーニューロンシステムは、人間関係においてポジティブなことにもネガティブなことにも強く働く（Aron 2016）。ＨＳＰは、他者の痛みを目の当たりにすると、あたかも自分自身がその痛みを感じているかのように受け止める。それと同じくらい、他者のいいニュースには、本人並みに大喜びする。

たとえば、泣いている人を見ると、当人のつらさや苦しさがひしひしと伝わって、たちまちもらい泣きすることがある。愛する人から、トラウマを経験したと打ち明けられれば、自分も2次的に心に傷を負うことがある。その出来事で相手に降りかかった過酷な体験の一つひとつを、まるで現場にいたかのようにまざまざと思い浮かべて、追体験するからかもしれない。なまなましいまでに相手の身になりきってしまうのだ。

このような感受性は、共感しあう2人のあいだにつながりを築く。ところが、相手が毒のある人物の場合、一方的で依存的な関係になる可能性がある。ＨＳＰは、他者の感情や問題に対する責任まで引き受けてしまうことが多いからだ。共感性の高さや「救わなければ」という衝動は、何らかの活動に参加して困っている人を助けるという使命があれば強みとなるが、実際には破壊的な行動を続けるために同情を求める毒のある人に対して弱みとなる。相手の痛みに気を取られているあいだに、相手からどんな扱いを受けているかが頭から抜け落ちるからである。それどころか相手の受け入れがたい行動を正当化して、すぐに仲直りしてしまう。他者を操ろうとする人は、この特性を当てにしてＨＳＰにつけ込む。詳しくはこの章で後述する。

環境に対する知覚と適応の敏感さ

ＨＳＰは他者に敏感なだけでなく、まわりの状況からも大きな影響を受ける。研究によれば、ＨＳＰは、脳の島《とう》（insula）と呼ばれる、物事の深い処理や環境の変化への適応、体験の深い知覚を導く部位の活動が活発で、些細な刺激を敏感に認識し、ポジティブな刺激にもネガティブな刺激にも反応しやすい（Jagiellowicz et al. 2011）。この島皮質は自己認識をつかさどり、意思決定につながる身体感覚の情報処理にも大きな役割を果たしている。研究者のバド・クレイグの言葉を借りれば、島皮質は「包括的な感情的瞬間」を担っている（Craig 2009）。というのも、環境や身体感覚、感情など、その瞬間ごとの主観的な体験を生み出すための情報を集める部位だからである。ＨＳＰは、自分の置かれた環境や体験を、ほかの人よりはるかに深いレベルで処理すると考えられている。非ＨＳＰよりもパターン認識が得意で、情報をくまなく読み取り、過去と現在の経験をつなげ、大局的かつ直感的に熟考して判断する。

ＨＳＰは初対面の人と会うと、「包括的な感情的瞬間」を捉える。全体的な第一印象を作る際に、相手のしぐさや細かな表情、声色、心理状態といった非言語情報を把握すると同時に、自分自身の気持ちや身体感覚、周囲の細かな状況について情報処理する。たとえばメアリーに会ったとする。はじめは感じのいい人だと思うが、彼女の身のこなしやわざとらしく優雅な口調にわずかな軽蔑やある種の高慢さを感じとり、本能的な不安や居心地の悪さを抱く。

問題はHSPが、このような状況でも、メアリーのカリスマ的な風貌を前に自分の観察結果を合理化する可能性のあることだ。初対面の人と会うときに、微妙な印象の差異に気づく能力はあなたの長所であり、短所ではないと自覚することが大切だ。HSPの脳は大量の情報を収集して処理する能力があり、意思決定のプロセス、とりわけ毒になりそうな人を自分の人生から排除するときにおおいに役立つ。

HSPは状況によって、この処理の深さを2つの方面で発揮する。1つは、判断を下す前に良い点と悪い点を比較検討する必要がありそうな場合。もう1つは、過去によく似た状況があり、すばやく情報処理して現在のいかなる危険にもただちに対応する場合である。エレイン・アーロンが書いているように、「繊細さや感じやすさとは、言い換えれば、ほかの人より細部にまで注意を向けて、そこで得た情報をよりよい予測を立てるのに使うことを意味する」（Aron 2016）。つまりHSPは、毒のある人を正確に見分けるための自在で内面的な手段をすでに多くもっていることになる。あとは自分自身の内なる声に耳を傾け、その直感を本書で紹介するステップに沿って行動に移すだけだ。

幼少期の環境が人間形成に及ぼす影響

侮辱されて校庭で泣いていると、「あなたって、すごく敏感で神経質なのね」と、クラスメイトから鼻で笑われた。中学時代のひどいいじめは、私に深刻な影響を及ぼした。私は同級生から恐怖を与えられただけでなく、悪口に反応するせいでいつもばかにされていた。気持ちをわかってもらえることなどめったになかった。

ＨＳＰはきっと子どものころから「敏感すぎる」と言われてきたことだろう。強い不安や気分の落ち込み、神経症的傾向に苦しむこともあったかもしれない。これらは感受性が強いという特性にかならずしも付随した症状ではないが、逆境的小児期体験（ＡＣＥｓ）をもつＨＳＰにはそのリスクがある。ＡＣＥｓとは、ストレスの大きい、心の傷になるような子ども時代の出来事のことを指す用語で、たとえば身体的虐待、性的虐待、心理的虐待、身体的あるいは心理的ネグレクト、ＤＶの目撃、精神疾患や依存症の家族をもつこと、親の別居や離婚、母親が乱暴に扱われるのを目撃すること、家族が刑務所に収容されることなどが含まれる。

アメリカ疾病予防管理センター（ＣＤＣ）とカイザーパーマネンテ社の行ったＡＣＥｓに関する調査は、子ども時代に虐待やネグレクトに苦しんだ人を対象としたもっとも大規模な研究の1つである（Felitti et al. 1998）。調査では、子ども時代の虐待が成人してからの健康や幸福に及ぼす影響が評価された。その結果、数々のＡＣＥｓに苦しんできた人は、慢性的な健康問題や薬物乱用、自傷行為、自殺念慮などのリスクの高いことが明らかになった。

もしＨＳＰが子ども時代に心理的ネグレクトや虐待、いじめを頻繁に経験していたなら、感受性の強さとそうした経験の相互作用で、成人してから前述のような問題の生じる可能性がある。ＨＳＰは幼少期に有害な環境にさらされると、「生まれ」と「育ち」があいまって、非ＨＳＰ以上にストレスの影響を受けやすくなるのだ。エレイン・アーロンは、「問題の多い子ども時代を過ごしたＨＳＰは、似たような子ども時代を過ごした非ＨＳＰより、気分の落ち込みや不安を抱え、引っ込み思案になるリスクが高い。しかし、それなりの子ども時代を送ったＨＳＰは、非ＨＳＰと同等のリスクしかない」と指摘している（Aron 2016）。また、ＨＳＰは脳内のセロトニンレベルが標準より低くなるような遺伝的多様性をもっており、困難な子ども時代を過ごしたＨＳＰはそれがいっそう顕著である。

とはいえ、この遺伝的多様性は、学習内容の記憶や意思決定、全般的な精神機能の面ではすぐれるといった利点ももたらす。アーロンは著書で、同じ特性をもったアカゲザルが（養育環境がよければ）、社会集団のリーダーになる、立ち直る力（レジリエンス）が強いといった、発達的に早熟とされる特徴を示した研究（Suomi 2011）に言及している。

たとえ子ども時代に逆境にあったとしても、ＨＳＰには社会にポジティブな貢献ができる、いくつもの才能や能力がある。ＨＳＰのレジリエンスや、ほかの人なら見逃すような微妙な違いやニュアンスに気づく能力は比類ない。これらの能力は、人間関係や衝突をうまく切り抜けるために効果的に使う方法さえ身につければ、ＨＳＰにとって不利になるどころか、むしろ有利になりうる。

書いてみよう　子ども時代の逆境体験

次の問いかけについて、自分の考えを書き留めよう。あなたは子ども時代に逆境を体験したか？　それはおとなになって、どのように影響したか？　あなたの感受性の強さは、物事への対処の仕方に影響を及ぼしたか？　それはどのような形で現れたか？

エンパスについて

エンパスという用語は科学の世界に存在しないと主張する懐疑的な人もいるが、エンパスの能力は、私たちが科学的に研究してきたＨＳＰの能力と重なる部分がある。エンパスは他者の感情を自分のものとして感じるといわれる。医学博士のジュディス・オルロフによれば、「エンパスは物事をまず感じて、次に考える。これは合理性を求めすぎる現代社会において、ほとんどの人とは逆のやり方である。世界と自分を隔てる膜が何もないのだ」という（Orloff 2018）。

他者の感情を自分のものとして感じることがあるという考えも、非科学的とはいえない。情動伝染と呼ばれる、他者の感情に「感染」する傾向があることは、考えられている以上にありふれた現象だと示す研究がある（Hatfield, Cacioppo, and Rapson 2003）。シェリー・ボーグ・カーターによれば「しかめ面や笑顔など、さまざまな表情をまねることによって、その表情を自分自身の感情として解釈する反応が脳内で起こることが研究でわかった。簡単に言えば、私たち人間は種として、生まれながらに他者の感情に『感染』しやすい生き物なのだ」（Carter 2012）という。

ＨＳＰやエンパスは深い直感をもち、他者の感情やエネルギーにきわめて敏感な人たちだ。この情動伝染も増大したレベルで起こる。ＨＳＰとエンパス、用語は区別して使われるが、類似点や共通する特徴が多くある。HSPは非HSPとくらべて、感情を制御する脳の部位が反応しやすい。ＨＳＰであるということが意味することと、世間でエンパスと呼ばれることのあいだでは、かなりの部分が重複している。

これから本書で紹介するアドバイスや対処法は、ＨＳＰにもエンパスにも共通する特性に向けた内容であるため、本書ではどちらもＨＳＰと呼ぶことにする。

感受性のスペクトラム

エレイン・アーロンによれば、感受性の強さは遺伝的な特性であるため、感受性が強いか、強くないか、その特性をもっているか、もっていないかに2分される。しかし前述したように、そこには生まれと育ちの両方が作用すると心理学者たちは指摘している。ほとんどの場合、生物学的要因に環境が影響して、特性の現れ方が決まる。ＨＳＰの感受性の強さも、何らかのメンタル不調やトラウマ、文化的あるいは宗教的背景、逆境的小児期体験などがあれば影響し、ほかのＨＳＰとは違った現れ方になる。

たとえば私はＨＳＰだが、騒音と雑踏と強烈な光にあふれたマンハッタン育ちのＨＳＰでもある。そうした要素に生まれつき敏感ではあるが、家でも学校でも無秩序で雑然とした環境のなかで子ども時代を過ごしたため、その種の強い刺激に多くの人より耐性がある。育った環境の結果として、私は過剰な刺激に慣れ、望めば無視できるようになったのだ。

一方で、小さな町出身のＨＳＰはそうした環境に慣れていないため、大きな音や人混み、強い光により敏感かもしれない。とはいえ、穏やかな子ども時代を過ごした人は、いじめや虐待などを経験した人より、混沌とした社会状況に対してあまり感情的に反応しないはずだ。

ＨＳＰにはどちらのタイプもいる。特性がどの程度、どのように発現するかは、それぞれの経験によって決まるのである。

やってみよう

ＨＳＰチェックリスト

ＨＳＰによくあることを次のリストに挙げている。自分にあてはまることがあればチェックを入れよう。チェックの数が多いほど、ＨＳＰである可能性が高い。

□ さまざまな場面や人に対して、大多数の人より感情的に反応する。「とても敏感だ」と、よく言われる。

□ 他者の心理状態に敏感で、深く共感する。いつの間にか他者の気分や気持ちを吸収する「感情のスポンジ」になっている。

□ 苦しんでいる人を見たら助けようと思い、相手の心が求めていることを推しはかる。とりわけ、相手がつらそうなときは、心が楽になるように力を尽くす。

□ 人や場所、状況について鋭い直感が働き、あとでそれが正しかったとわかる。

□ 外向的か内向的かにかかわらず（HSPのおよそ30%が外向的）、自分の体験したことや気持ちを整理するために、ひとりの時間をたっぷり必要とする。

□ 物事を深く受け止めるがゆえに、だれも気づかないような細かな点やニュアンスに気づく。環境の変化や他者の感情の変化にきわめて敏感である。表面の印象から相手のうそに感づいたり、相手の言葉とボディランゲージの矛盾に気づいたり、ほかの人が見逃すような微妙な表情や口調の変化、言葉で表現されない身ぶりやしぐさの意味を理解したりすることが得意である。

□ 創造性や想像力に富み、内省する時間を持ち、豊かで生き生きとした精神生活を送っている。芸術に心惹かれ、深く感動することがある。

□ 寛容な性格で、人間の心に対する鋭い洞察力がある。生まれながらに人を癒やす存在で、世話をする仕事や教える仕事、リーダーシップを発揮する職業に惹かれる。

□ 環境の影響を受けやすく、とりわけ人の多く集まる場所や強い光、大きな音、強い匂いにぐったりしてしまう。そうした要素のある環境からは距離を置こうとするし、離れたいと思う。また、そうした場所にいると憂うつな気分になる。

□ 人や決断や状況について、多くの人よりも長い時間、思いめぐらす。たとえば、1つの批判的なコメントについて何週間も考え込む。恋人と別れて立ち直るまでに、平均的な人よりはるかに時間がかかる。

□ 他者との交流から刺激を受けやすい。人と会って、落ち着いてリラックスした気分でいられるのは束の間で、とくに理由もなく、すぐに気分が高揚する。

□ 自分自身の感受性の強さや、他者の感情を自分のものとして受け止める特性のせいで、気分の落ち込みや不安、自信喪失に苦しむことがある。そうした強い感情を麻痺させるために依存するさまざまなものをもっている。

□ いつの間にか毒のある人に近づかれ、日常的に立ち入られる。吸いとられ、利用されるばかりで、恩恵はあまりない。

□ 感受性が強く、共感力が高いことにつけ込まれて、自己愛の強い人と不健全な関係を築くことを繰り返している。

受診の目安——専門家に相談する必要があるか

心に傷をもつＨＳＰは、気分が落ち込んだり不安にさいなまれたりしやすい。感受性の強さとトラウマ体験が相互に作用して、そうした精神状態に陥ることがあるからだ。子ども時代の背景に関わらず、以下のような経験が１つでもあれば、セラピストに相談することが重要である。

- 長期にわたる強い不安感、慢性的に繰り返すパニック発作
- きわめて強い社交不安によるひきこもり
- フラッシュバック、侵入思考（考えたくなくても頭のなかに勝手に浮かんでくる考えのこと）、悪夢
- 絶え間ないマイナス思考の心の声、自己破壊的な行為
- 解離（意識が自分の身体やその場から離れているような感じ）
- 自殺念慮、自傷企図
- 自傷行為
- 心身症の症状、医学的に説明できないと思われる身体的な問題
- ボディイメージの問題と摂食障害
- 最近のトラウマ体験、他者のトラウマを見聞きしたことによる２次的トラウマ

・依存、衝動（強迫観念）、強迫儀式
・虐待のある恋人関係や友人関係、搾取的な職場環境
・あらゆる形態の精神疾患（幻覚や幻聴など）
・他者との健全な関係や愛着の維持に関する問題

毒のある人を引き寄せるもの

ＨＳＰが、共感する心や良心すらない毒のある人物に出くわすと、心も身体も頭もぐったりしてしまう。自己愛の強いパートナーからのサバイバーが集う最大のフォーラムの１つであるサイコパス・フリー（Psychopath Free）で、マイヤーズ＝ブリッグスの性格タイプのうち、自己愛の強い人の犠牲になりやすいのはどのタイプかを調査するオンライン投票が行われたことがある。予想どおり、もっとも多かったのは提唱者型（ＩＮＦＪ）と仲介者型（ＩＮＦＰ）という結果になった（マイヤーズ＝ブリッグス・タイプ指標について、詳しくはhttps://www.myersbriggs.orgを参照）。この２つの性格タイプは、感情の激しさ、誠実さ、高い共感力と直感力など、ＨＳＰに多い特性と重なる部分がある。

ＨＳＰは、ナルシシスト（自己愛者）やサイコパス（精神病質者）、ソシオパス（社会病質者）といった、悪性度のもっとも高い悪意ある人物のターゲットになりやすい。とはいえ、ど

こにでもいるような毒のある人も、私たちの感情を消耗させることがある。本書でのちほど紹介するが、どこにでもいるような毒のある人の悪性度は低い。自分の与える影響について無自覚であることが多く、自分の行為と向き合えば、反省し改善することもできるからだ。「境界線を踏み越えてくる人」「感情の吸血鬼」「お騒がせな人」「目立ちたがり屋」などと呼ばれるのがこのタイプである。

ナルシシストの危険な行動

どこにでもいるような毒のある人から悪意ある有害なナルシシストまでの分類については第2章で詳しく見ていくが、ここではナルシシストの行動を説明するために使われる用語について紹介したい。もしあなたが次のような行動を日常的に受けて心のバランスを崩しているなら、その相手は自己愛の強い危険な人物である可能性がある。

◇**ガスライティング**

この行為をする人は、あなたの現実認識を否定し、自分の虐待行為や有害な行動の影響を軽視する。あなたのことを「頭がおかしい」と言い、あなたの感情を病的なものとみなし、あなたを傷つけるような自分の言動をなかったことにしたり、あなたの妄想だと言ったりする。

◇非協力的な態度と沈黙作戦

この行動パターンは、毒のある人がたえず会話を打ち切ろうとするという形で現れる。やがてあなたが話しかけても完全に黙り込むようになる。衝突すると突然身を引いたり、たとえ関係がうまくいっているときでもあなたと口をきかなくなったりする。

◇明らかな共感の欠如と搾取の傾向

不倫のような不誠実な行為をしたり、あなたが病気で助けを必要としているときに放置したり、あなたを危険にさらしたりするのは、ナルシシストが思いやりや共感に欠けていることを示す明らかなサインである。ソシオパスやサイコパスはさらに一歩進んで、自分の行為にほとんど反省の姿勢を見せず、弱っているあなたをさらに傷つけてサディスティックな快感を得ることさえある。たとえ反省の態度を示したとしてもたいていはうわべだけで、うそ泣きするのも涙を誘うような話をするのもあなたの同情を引くためだ。一時的に関係は修復するものの、また虐待が始まるだけである。

◇病的な虚言

ナルシシストは大きな問題でも小さな問題でも、どうでもいいことでさえうそをつく。すべてはあなたをコントロールするためだ。いずれにしても、相手のうそに気づかなければ、あなたは現実ではなく相手の話に基づいて意思決定することになる。ナルシシストは二重生活を送ったり、数々の不倫関係をもったりすることもあり、精神的にも身体的にもあなたの健康に悪影響を与える。繰り返し人をだますような人物は信用ならない。マーサ・スタウト博士も著書『良心をもたない人たち』のなかで、「良心に欠ける行動の中心にあるものは欺瞞だ」（Stout 2005）と指摘する。悪性のナルシシストは熟練の詐欺師であり、うそつきだ。

◇陰口と露骨な非難

ナルシシストは自分がターゲットにする被害者を過小評価したり、けなしたり、暴言を吐いたりして、自尊心を傷つける。あなたに皮肉っぽいお世辞や悪口を言ってあからさまに侮辱したり、一貫して見下したような軽蔑した口調で話しかけてきたりする。激怒したり、冗談をよそおった陰険な発言で挑発したりする。これらは言葉による虐待によくあるやり方だ。

◇支配し孤立させる行動

ナルシシストは被害者に対してきわめて独占欲が強く、所有物のように扱う。あなたがどんな服装をするか、仕事をするかしないか、だれと付き合うかをコントロールして、家族や友人、同僚との社会的なつながりからあなたを切り離そうとすることもある。

◇**妨害**

ランゲ、パウルス、クルシウスの共同研究（Lange, Paulhus, and Crusius 2017）によると、腹黒いナルシシストは悪意ある羨望を抱いて、妬ましく思う相手をだましたり、妨害したり、うわさを広めたりすることがよくある。キャリアを狂わせたり、公然と恥をかかせて体面を傷つけ評判を落としたりして、被害者の成功を邪魔しようとすることがある。

◇**中傷キャンペーン**

この行為は、あなたに関する虚偽を言いふらし、あなたを脅かすことに賛同してくれる仲間を募っておおっぴらにあなたをけなすなど、名誉棄損に等しい行為である。職場では、あなたによって何らかの形で自分の地位が脅かされるという理由から、あなたをブラックリストに載せてチャンスを与えないことさえある。

◇**性的強要あるいは性的暴行**

獲物を狙う捕食者《プレデター》タイプの人は、性的境界線を尊重しない。あなたの身体的境界線を無視したり踏み込んだりして、あなたにとって心地よくない性的行為を強要しようとしたり暴行しようとしたりすることがある。

◇**経済的虐待**

あなたの収入を取りあげたり、あなたに渡すお金を制限したり、依存させるためにあなたが働くことを拒んだり、共有財産を完全に管理したりする。これらはすべて有害なナルシシストの常とう手段である。

◇**ストーカー行為や嫌がらせ**

ナルシシストによくある行動で、とりわけ被害者のほうから去っていき、権威と支配が脅かされたときに起こる。突然、あなたのもとに現れたり、電話したり、テキストメッセージや匿名の電子メールを送ったり、脅迫的な音声メッセージを残したり、つきまとったりする。インターネット上でストーカー行為をしたり、あなたの居場所を監視するために追跡装置を使ったりすることさえある。

◇**身体的虐待**

自己愛の強い人すべてが身体的な暴力をふるうわけではないが、パーソナリティ障害を抱えている場合は暴力にエスカレートして、首を絞めたり、こぶしでなぐったり、突き飛ばしたり、たたいたり、殺そうとすることさえあるなど、暴力行為にいたる可能性がある。防犯対策の専門家であるギャヴィン・ディー・ベッカーが開発したチェックテスト (https://www.mosaicmethod.

com）を利用すれば、自分がどの程度の危険にさらされているかを評価することができる。身の安全に差し迫った懸念のある場合は、安全な場所に避難して、全米DVホットラインに電話しよう。

> **書いてみよう**　**マニピュレーションの棚卸し**
>
> あなたを支配し操ろうとするマニピュレーションがあるだろうか。もしあれば、あなたが人間関係においてもっとも頻繁に経験するのは、前述したリストのうちのどの手口だろうか。

悪性の毒のある人の心理

ナルシシストのなかでも反社会的特性やパラノイア（妄想症）、サディズムをあわせもつ人は「悪性ナルシシスト」として知られる（Kernberg 1984）。彼らがどんな凶行に及ぶ可能性があるかを知っておくことは重要だ。2002年のクリスマスイブの日、カリフォルニア州モデストで1人の若い妊婦が行方不明になった。夫のスコット・ピーターソンは警察による取り調べの際、うそ発見器によるテストを拒否し、妻の失踪した時間帯に自分はボートで釣りに出ていたと主張した。スコットは見たところ愛情深そうな夫で、表面的には非常に感じのよい人物だったため、みずから捜査に関わって妻殺害への関与について虚偽の説明をしたとき、多くの人がだまされてしまった。

妻のレイシー・ピーターソンとおなかの息子の無事を祈るために大晦日に催されたキャンドル集会の最中には、不倫相手のアンバー・フレイに電話をかけて、パリで大晦日を過ごしているかのような手の込んだ作り話をした。さらにぞっとすることに、スコットはアンバーとの交際当初に妻が失踪したとうそをついていたが、それはまだレイシーが殺害される数週間前のことだった。アンバーはスコットに内緒でおとり捜査に加わり、最終的にはそれでスコットの罪状が暴かれた。レイシーとおなかの息子の遺体がサンフランシスコ湾で発見されると、スコットはメキシコとの国境付近にいたところを逮捕された。髪の色を変え、弟の身分証明書と現金1万ドルを所持していた。

世間の人々は、いったい何があったら愛する妻とおなかの子まで殺そうとするのか理解できなかったが、すべては二重生活のためだった。この悲劇的な結末は極端だが、レイシー・ピーターソンの事件は、ナルシシストやソシオパスの多くの被害者と類似点がある。虐待が密室で人知れず行われ、被害者は自分の置かれた危険な状況に気づくことすらなく、手遅れになってしまう。スコット・ピーターソンはやさしい夫で、愛情深い父親になりそうな、親しみやすい好青年だと思われていた。外面がよく口達者なのはこうした有害なタイプに多く、羊の皮をかぶったオオカミという本性を隠している。だが、スコットの著しい共感性の欠如と、不倫相手と新しい生活を始めるために家族を抹殺するという残酷さが、彼という人間を露呈した。彼は悪性のプレデターだ。ソシオパスにとって、自分の欲望を邪魔するものは何であれ、情け容赦なく排除すべきものなのである。

そのようなタイプは、人をイラっとさせるだけの無害でありふれたマニピュレーターとは毒性が異なる。危険極まりない。多くは殺人までは起こさないにしても、生涯にわたるトラウマという形で他者に取り返しのつかない危害を加えることがある。自己愛性虐待として知られる行為は狡猾で密に行われる暴力で、ナルシシストやソシオパスは心理的虐待のターゲットにガスライティングを仕掛け、非協力的な態度をとり、感情を操作し、威圧し、支配する。ときに身の毛がよだつような暴力行為をしたり、ターゲットを自殺に追い込んだりすることすらある。

他者を操ろうとするマニピュレーターの手口に効果的に立ち向かうためには、自己愛の強い人の心理について理解する必要がある。私たちの社会にナルシシストやソシオパス、サイコパスの人がどれくらいいるのか、過小評価することはできない。臨床心理学者のマーサ・スタウトは、アメリカ人の25人に1人はサイコパスであると考える（Stout 2005）。これは恐ろしい数字だ。というのも、ソシオパスにはまるで良心がなく、自己の利益や満足のために積極的に他者を利用しても、まったく気がとがめることはない。たとえ捕食者タイプの人数は少なかったとしても、彼らが心酔者のハーレムをつくっているとすれば、多くの被害者に生涯にわたって影響を与える可能性がある。そうした場合の主要なターゲットは、感受性が強く共感力の豊かなＨＳＰなのである。

パーソナリティ障害の特徴

アメリカでは、パーソナリティ障害、とりわけ自己愛性パーソナリティ障害と反社会性パーソナリティ障害を抱える人から被害を受ける人が１億５８００万人以上にのぼると推定されている（Bonchay 2017）。

◇自己愛性パーソナリティ障害

度を越した権利意識や賞賛への欲求、他者を利用する傾向、無情なまでの共感性の欠如、傲慢な優越感、誇大感を伴う。

◇反社会性パーソナリティ障害

一般的にソシオパスやサイコパスと呼ばれることもある。良心や自責の念が欠如し、口が達者で表面的には魅力があるが、自分の利益や満足のために他者を利用し、犯罪行為を繰り返してきた前科がある（APA 2013）。

「人格のダークな三大特性（ダークトライアド）」として知られる、ナルシシズム、サイコパシー、マキャベリズムの基準を満たす人は、きわめて危険でサディスティックだ。認知的共感を働かせて、自分のターゲットが何にもっとも傷つくかを頭で考える。他者に苦痛を与えることに喜びを感じる一方で、自分の行為が相手にどんな影響を与えるかを気遣う情緒的共感には欠ける。

どうしたら自分の家族にそこまで残酷に冷淡でいられるのだろうか？　当然のことながら、そうした態度はある種の精神疾患または精神障害に起因するにちがいないと私たちは考えるが、性格異常者にとってはそうではない。悪性の毒のあるタイプの人は正気を失っているというより、向社会的な感情が欠落しているのである。向社会的な感情がなければ、他者に対する攻撃性を抱くおそれがある。共感しすぎる脳についてすでに見てきたが、ナルシシストやサイコパスの脳はその逆だと考えればいい。ナルシシストは、共感に関与する脳の領域において灰白質の異常があることを示す研究がある（Schulze et al. 2013）。さらにサイコパスは、共感や罪悪感に関与する脳領域である眼窩前頭葉と腹内側前頭前皮質、そして恐怖や感情の処理に重要な役割を果たす扁桃体に、構造的および機能的異常が見られることを示す研究もある（Glenn and Raine 2014）。これら2つの領域間の接続も遮断されており、他者にとって脅威や危害になることを扁桃体が伝えようとしても、そうした感情に関与する情報がサイコパスの意思決定に反映されることはない（Motzkin, et al. 2011）。

恐怖や脅威に反応して攻撃的になる人と異なり、サイコパスは扁桃体での反応は少なく、報酬や目的を達成するために前もって計画した手段による攻撃を行う。脅威に気づいて苦痛のあまり攻撃的になったり、脅威に反応して攻撃的になったりすることはない。むしろ共感が欠如し、嫌悪感を催す刺激に反応が薄く、恐れを知らず、感情に乏しいからこそ、他者を虐待する。サイコパスは道徳観念も欠如している。脳のほかの領域にも機能障害があるからだ。たとえば、感情と結びついた記憶を思い出し結果から学習することを可能にする恐怖条件づけを助ける海馬、報酬と刺激に対する大きな欲求と結びついている線条体、後部帯状回や内側前頭前皮質、角回といった、道徳的理由づけや他者の思考や感情を理解するための視点取得、感情の体験に関与する「モラル神経回路網」として知られる脳の領域に異常がある（Glenn and Raine 2014）。サイコパスが高揚や報酬を求めて行動したり、人を惑わせ思いどおりに操ろうとしたりする一方で、共感や道徳的な意思決定、抑制、罰への恐怖が弱いのは、そうした脳の差異によるためだと考えられている。

自己愛性パーソナリティ障害や反社会性パーソナリティ障害（サイコパシーとは診断が異なるが、多くの共通する特性がある）は治療がたいへん難しい。専門家やセラピストの共通認識として、特性の強い多くのナルシシストは変化する可能性が低く、何らかの形で自分の計画に好都合でなければ、治療を受けようとしない。一時的に変化するとしても、それは自分の利益を増大させるためか、周囲の人を操るためで、永続的な変化はなかなか望めない。というのも、ナルシシストの行動パターンは子どものころからすでに備わっているものだからである。

病的な自己愛気質の原因について医学的な結論は出ていないが、ナルシシストやサイコパスの被害者たちは、そうした人物の行動の根っこには彼ら自身のトラウマ体験があり、その傷を無理にでも「修復」したい思いに駆られているのではないかと推測している。しかし、無慈悲で大胆不敵であればあるほど、その可能性は低い。子ども時代の虐待は2次的な高不安型のサイコパスと関連づけられているが、1次的な低不安型サイコパスが虐待を受けている可能性は低く、心的外傷後症状などのメンタルヘルスの問題を経験したことのない人もいる（Kimonis et al. 2012; Tatar et al. 2012）。実際に、過大評価され甘やかされて特権意識を植えつけられたことによって自己愛的な特性が発達することがあるという研究がある（Brummelman et al. 2015）。子どもを過大評価したり甘やかしたりするのも虐待の一形態だが、それは私たちが自己愛タイプの人が経験しているだろうと推測する典型的な子ども時代のトラウマ体験とは異なる。特性の弱いナルシシストは恥を判断基準とし、傷つきやすいが、被害者を恐怖に陥れる傾向にあるのは、たいてい地位のある堂々とした、特性の強いナルシシストである。こうしたパーソナリティ障害の根本的な原因はすべて解明されているわけではない。ただ、トラウマになるような育ちをしたからといって、自分まで虐待行為をするかどうかには選択の余地がある。特性の強いナルシシストは、歪んだ喜びを得るために虐待をする。だが、HSPを含め、虐待しないことを選ぶ虐待被害者は多い。

パーソナリティ障害は、他者を思いどおりに操ろうとする行動や虐待行為をしばしば伴う。パートナー間の虐待の専門家である臨床心理学者のラマニ・ドゥルバスラは、「私はドメスティックバイオレンスや親密なパートナー間の暴力と呼ばれる分野で調査、研究を行ってきた。DVをする人のほとんどが、ナルシシスト気質かサイコパス気質である。つまり、そこには危険が存在するということだ。言い換えれば、あなたが彼らの邪魔をすれば、彼らによって〝処分〟されてしまうだろう」（Durvasula 2018）と指摘する。

レイシー・ピーターソンのような被害者に起こった悲劇がまさにそれだ。だが、悲劇に見舞われたのは彼女だけではない。クリス・ワッツは、妊娠していた妻のシャナン・ワッツとおなかの子と幼い子ども2人を殺害した。娘2人を油井に埋めたにもかかわらず、2人の所在についてニュースの取材記者に虚偽の証言をした。それどころか、妻が最初に子どもたちを殺したため、自分は怒りのあまり妻の殺害に至ったという主張までした。極端ではあるが、被害者に責任転嫁して自分の行為は無罪であるかのように見せかけるナルシシストに対処した経験のある私たちは、真の被害者の名誉を汚すこのようなタイプの〝でっちあげ〟を嫌というほど知っている。

もう1つの恐ろしい事例は、陸軍軍曹のエミール・シリエが二度にわたって妻の殺害を試みた事件だ。最初は自宅でガス漏れを起こし、その結果、夫婦の子どもたちが死亡した。二度目はスカイダイビングの最中に妻のパラシュートに細工をした。幸いにも、彼女は1200メートルあまり落下したが助かった。エミールも、スコット・ピーターソンやクリス・ワッツと同じように、二重生活を送っていたことが判明した。警察は彼が複数の不倫相手に送った数千ものメッセージも発見した。エミールは数々の浮気をし、売春婦と無防備なセックスをしていた。自分にとって都合のよいガールフレンドといっしょに逃げるつもりだったのである。

予測不能なものに潜む危険

ソシオパスとサイコパスが、極端な場合に、どれほど危険な存在になりうるか、どのように暴力的になるかには、薄気味悪いほど似通ったパターンがある。もっとも危険な毒のある人物が、いつも刑務所にいるとはかぎらない。密室で多大な危害を加えていながら、とても「いい人」として地域社会の中心的存在になっていることもある。魅力をふりまき、人を惹きつけ、警戒心を解かせるカリスマ性で、あなたをロマンスの嵐に巻き込むこともある。

セラピストとして自己愛性虐待の被害者救済を専門に取り組むアンドレア・シュナイダーはよく私に言う。「自己愛の強い虐待者が、普通に見えようと有害そうに見えようと、虐待する人の行動を予見できる水晶玉などないということを肝に銘じておくべきだ。多くの被害者は虐待の結果、FOG（恐怖心、義務感、罪悪感）という認知的不協和を抱えることになり、虐待者の真の脅威を正確に見きわめることができない。だからこそ、命の危険を少しでも感じる場合や、長期にわたって虐待を受けている場合は、いつでも助けを求めてほしい。診断名にこだわるよりも、あなた自身が直面している行為に注意を向けることのほうが重要だ。パーソナリティ障害のある人は何をしでかすか、ほんとうに予測できないから」

なぜ毒のある人の犠牲になってしまうのか

そもそも、なぜ悪性タイプの人に巻き込まれてしまうのか、あなたは不思議に思うかもしれない。どう考えてみても、HSPとサイコパスのあいだに、共通点は何もないのだから。あなたは共感力が高い。相手は他者を操ろうとする欲望と破壊願望が強い。ところが、そういうプレデターにとって、あなたに備わった最大の財産があなたを魅力的なターゲットにしてしまうのである。

共感力、誠実さ、感じやすい心、レジリエンス（立ち直る力）、献身的な性格――これらはすべて、悪性の毒のある人がターゲットを利用するために悪用する資質だ。おたがいに共感しあい、相手の感情に寄り添う健全な人間関係では、そうした特性は関係を深めるために役立つ。ところがナルシシストとの関係では、それらの特性は食い物にされ、悪用される。HSPは自分自身の善悪の感覚に基づいて意思決定する傾向があるため、ナルシシストに自分の倫理観や良心を投影しがちで、相手も他者に対して自分と同程度の共感を寄せるものだと思い込むことがある。

その思い込みがたいてい危険を招くレベルで間違っている。HSPは、ナルシシストが有害な行為を改め、報いてくれることを期待して、自分自身の核となる価値観や境界線を侵すことがあるが、結局はナルシシストの要求に応えるだけに終わってしまう。ナルシシストと接する際に忘れてはならないのは、ナルシシストがHSPの痛みや悩みに共感することはなく、自分本位に考えるだろうということである。彼らは自分自身の利益のためなら、他者の権利を平気で侵害する。

HSPとナルシシストのあいだには、寄生の構図がある。HSPのもてるものを徐々に吸い尽くすナルシシストに対して、HSPは「宿主」の役割を務める。2人の関係が「ラブボミング（愛の爆弾）」という、関心と愛情を集中的に注ぐ初期の段階（第3章で詳述）にあるあいだは、ナルシシストはターゲットのHSPを「食い物にする」という目的を隠して、魅了する行為と感情操作を織り交ぜながら生活に入り込んでくる。HSPはそのナルシシストに夢中になり、自分たちはソウルメイト（あるいは完璧なビジネスパートナー、あるいは理想の友人）に出会ったのだと信じる。潮目が変わり、ナルシシストの偽りの仮面がはがれると、HSPはナルシシストの虐待行為を合理化するようになる。トラウマや不安、親密になることへの恐怖から、健全な関係を築けないのだろうかと擁護してみたりする。だが真相は、ナルシシストが本性を現しただけだ。ナルシシストが人間関係を築く目的はただ1つ、「自己愛の充足」である。つまり、あらゆる形の賞賛、注目、敬服、お世辞、金銭、セックスなど、その関係によってもたらされるすべてのリソースを手にするためである。

ＨＳＰが毒のある人に遭遇して最終的に危険な状況に陥ってしまうのは、共感力の高さゆえである。自身の倫理観を有害な人物に重ねて、彼らを過度に同情的な目で見たり、正当化したり、危険信号を軽視したりするからだ。これは間違っているだけでなく、自己破壊的な行為ともいえる。トレイシー・ステイン博士の指摘によれば、ほとんどの人が、うそをついたり他者を傷つけたりする行為は許されないという「社会的に受け入れられた道徳規範」を通してナルシシストの行動を受け止めるため、裏表のある行為に気づいても、そこにひそむ悪意に満ちた目的を直視するのではなく、その行為にいたった理屈を必死に探したり正当化したりする（Stein 2016）。「自己評価が低く本人も苦しんでいるのだ」「運の悪い日だったというだけだ」「問題のある子ども時代だったのだろうか？」などと、いかに多くの人が毒のある人物の受け入れがたい行為を合理化してきたことだろう。本書を読んでいるあなたにも心当たりがあると思う。

マニピュレーターがあなたの同情を引くために用いる3つのステップ

共感力が高いと、他者の長所に目を向け、傷ついていると思う人がいれば助けようとする。他者を操るために同情を誘う行為をするなど、ほんとうは悪巧みをしているのに被害者だと見せかけるような同情作戦を相手が実行している場合はなおさらそうだ。毒のある人やナルシシストは、あなたに憐れんでもらうために、不幸な子ども時代や依存症の問題、これまでの苦労について打ち明けることがある。マーサ・スタウトによれば、暴力や攻撃的な態度のあとで、同情を引くためにこうした屈折した思いを訴えるのは、「恥知らずな人々」の特徴である（Stout 2005）。マニピュレーターが痛みを告白するせいで、あなたは彼らのいわゆる過ちに対して、みずから進んで言い訳を探してしまう。こうして虐待は途切れることなく繰り返される。だからこそ、罠を仕掛けられたら気づけるように、同情作戦がどのように機能するかを分析して理解することが重要である。

ステップ1――毒のある人がうそ泣きやうわべだけの謝罪をして、反省しているふりをする。

ステップ2――毒のある人が自分の虐待に理屈をつけたり正当化したりする。自分のつらさを打ち明けたり、虐待は誤解のせいだ、意図的ではなかった、自分ではどうすることもできなかった（たとえば、お酒のせいだとか、あなたが何かしたせいだ）などと主張することもある。あなたが許して仲直りすれば、一連の虐待がふたたび始まる。

ステップ3――同情作戦が失敗して望むような反応を引き出せないと、マニピュレーターは被害者に向かって、ひどい、独善的、わがまま、そうでなければ精神的に不安定だと決めつける。怒りに任せて激しくののしり、ガスライティングを仕掛け、被害者が言いなりになるまで巧妙に操ろうとしつづける。

あなたはこれらのステップを何度も何度も繰り返しているかもしれない。というのも、あなたのような良心的な人は、他者の幸せを気にかけ、これまでも他者に対する責務をまっとうしてきたからだ。ナルシシストは、あなたの持ち前の責任感を知っていて、あなたならたとえ自分の身に危害が及ぼうとも、自分の責任だと認識したことは引き受けるはずだという確信をもっているのである。

ナルシシストは他者を傷つけるような罪を犯しても自責の念をもつことはほとんどないが、被害者は自分たちのことを暴露したり、仕返ししたり、何らかの形で関係を裏切ったり、自分の責任だと認識したことから手を引いたりすることに道義上の不安を感じてためらう。あらためて言うが、誠実さというあなたのポジティブな特性は、共感する心のある人との関係ではあなたのためになるが、有害な人間関係では弾薬となるのである。

良心的な人は、衝突を避けるために疑ったり慎重に行動したりすることを諦め（これはＨＳＰの神経系に大きなダメージを与える可能性がある）、同情作戦の罠に落ち、どんな害をこうむっても他者のことを深く思いやるものだと、悪性の毒のあるタイプの人は見透かしている。人格障害の専門家である臨床心理学者のジョージ・サイモンはこう表現する。「人格障害者がもっとも頻繁にターゲットとするのは、良心と協調性（遠慮と言い換えることもできる）という、自分にない２つの資質をもつ人たちである。そして、ナルシシストの巧妙な感情操作に対して最大の弱点となるのが、あなたの揺るぎない良心だ。マニピュレーターはおもに罪悪感と恥の意識を突いてくる。それでも、あなたは彼らの作戦が機能するだけの罪悪感と恥の意識をもたざるをえない。人格障害者にはそれらが欠けている。良心的な人は十分にもっているというのにだ」(Simon 2018)。

ナルシシストとの葛藤から生じる気分の落ち込みや不安により、ＨＳＰは精神的にも身体的にもナルシシストの巧妙な心理操作の影響を非常に受けやすくなる。とりわけ、操作に気づかず、有害な行為を合理化している状況では脆弱になる。気づいた後でも、心に深刻な傷を負っていれば、虐待者から離れるのは難しい場合がある。

書いてみよう　**同情作戦から身を守るために**

マニピュレーターから受けた虐待を合理化したときのことを考えてみよう。あなたは相手に因果関係を具体的に示して責任をとらせる代わりに、気の毒に思い、簡単に許してしまっただろうか。こんどはどのように異なる対応をしようと考えているだろうか。

なぜ離れられないのか――体内の化学物質への依存

どうして連絡を絶って縁を切ることがそんなに難しいのだろうか？　これは有害な人間関係に悩む、感受性が強く共感力の高い人から私がもらう、もっとも多い質問の1つだ。この問いに答えることはきわめて重要である。というのも、有害な関係にとどまることは本人にとっても2人の関係にとっても、いいことではないからだ。それどころか、有害な関係にはもっと危険で依存性のある何かがあるからだ。

有害な人間関係からトラウマを負うと、私たちの感情に関わる脳はトラウマに乗っ取られてしまい、扁桃体や海馬といった領域に影響が及ぶ一方で、思考を担う前頭前皮質は遮断される。

これらの脳領域は私たちの感情、自制心と衝動性、脅威への反応、記憶、学習、計画、意思決定に関与している（van der Kolk 2014）。トラウマは右脳と左脳のコミュニケーションを妨げ、左脳の活動を停止させる。その結果、私たちは体験を整理して論理的に話したり、問題を解決したり、有益な意思決定をしたりする実行機能を失う。

意味不明に見える行動をしてしまう自分を責める前に、思い出してほしい。極度の混乱のなかで、あなたの脳があなたに不利な働きをしたのである。虐待のある人間関係の根底には、トラウマの専門家が「トラウマ性の絆（トラウマ・ボンディング）」と名づけた結びつきがあり、激しい感情を伴う体験をするうちに、私たちは生存のために自分をとらえた相手と絆を築くことがある。

パトリック・カーンズ博士は、これを「裏切りの絆」と呼ぶ。「搾取的な関係は裏切りの絆を生む。これは被害者が本人にとって有害な相手と絆を結んでできる。こうして人質は自分を人質にした相手を擁護し、近親相姦の被害者は親をかばい、搾取された従業員は上司の不正行為を暴露できなくなる。（中略）心が麻痺し、自分を傷つけた相手ときわめて依存的な愛着を形成するからである」（Carnes 2015）。カーンズ博士は、そうした絆のある被害者が、どのようにして虐待者に自分の行為の過ちを理解させ、虐待しないように改心させようとするかを説明している。被害者はしばしばその役割をうまく果たせないことで自分自身を責めるようになり、トラウマ性の絆のせいで現実感が揺らぎ、さらに大きな危機に陥る。虐待の被害者は、関係を良好にすることでさらなる虐待の発生を防ごうとするが、必然的によけいな苦痛を増やすだけとなる。

なぜその関係に留まってしまうのかを理解すれば、自責をやめて、有害な関係から逃れることができる。ストックホルム症候群と同じように、虐待者にとらわれているサバイバーも、精神的あるいは身体的暴力のおぞましい行為に耐え抜いたあとですら、トラウマ性の絆ゆえに虐待者を擁護する。この絆を断ち切ることは難しく、獲物を狙う捕食者タイプの人は手を尽くして全力でこの絆を維持し、被害者をさらなる恐怖に突き落とそうとする。どのような有害な人間関係においても避けようがない。ほかならぬ私たちの脳が、私たちを裏切って不利な働きをするからだ。トラウマ性の絆は、虐待者と生化学物質によって結びつくことで悪化する。オキシトシン、ドーパミン、セロトニン、コルチゾール、アドレナリンなどのホルモンや化学物質はすべて、私たちが有毒な人物への依存を感じる原因として重要な役割を担っている。

想像を絶するドーパミンによる高揚

愛情は、脳の快楽中枢である報酬系を刺激する。では、ＨＳＰの脳への影響を考えてみよう。たとえば、快楽中枢に電気刺激を与えられたラットは、脳への電圧をふたたび体験するためなら、ほとんど何でもするようになる。たとえショック状態になる危険があってもレバーを押しつづけ、何千回でも刺激を得ようとする。これは私たちが、ナルシシストのそばにいれば耐え難い苦痛を強いられるにもかかわらず、「蜜月期間」の喜びを取り戻そうと何度ももがくのに似ていなくもない（Olds and Milner 1954）。

そんなことはよく知っていると思うだろうか。よく知っているだけでなく、その感じ方について知ることが重要だ。驚くべきことに、毒のある愛情はほかに例がないほどのドーパミンによる興奮を引き起こし、ＨＳＰは大きな感情の昂りを感じる。ドーパミンとは、脳の快楽中枢に関与する神経伝達物質で、欲望や依存に強い影響力をもつ。ナルシシストは関係の初期にはラブボミングを行い、過剰なまでに相手をほめたり関心を向けたりする。こうして愛のシャワーを浴びるとドーパミンがほとばしり、私たちは麻薬にも似た多幸感を得る。事実、研究者のアンドレアス・バーテルスとセミール・ゼキは、恋に落ちた人の脳はコカイン中毒者の脳ときわめて類似していることを発見した（Bartels and Zeki 2000）。ヘレン・フィッシャーも、恋愛によって、たとえ恋が成就しなくても、依存や渇望に関連する脳領域のいくつかと同じ部位が活性化することを確認した（Fisher 2016）。自己愛の強いパートナーがいわゆる「ホット・アンド・コールド・ビヘイビア」を実行し、あなたを冷たく突き放すためだけに情熱的な態度で近づいてきて、その後距離を置こうとするとき、あなたに深刻な離脱症状が現れることがあるのはこのためだ。

私たちの脳は、自分にとって不利益な人物に執着するように配線を変えることがある。スーザン・カーネル博士によれば、熱い態度と冷たい態度を組み合わせた虐待ともいえる駆け引きが効果を発揮するのは、ドーパミン系の働きによる。というのも、予測していなかったタイミングで報酬が与えられると、ドーパミンが流れやすくなることが研究によって示されているからだ（Carnell 2012）。痛みが混じることによって快感の途切れる期間があると、脳は「気をつけて」と警告を受ける。生き残るために発せられる類の警告で、報酬を得るためにもっと励むように促されるのだが、信頼できるものではなさそうだ。その一方で、快楽にふけりすぎると、脳はさらなる快楽を求めて励む必要はないと判断するため、ドーパミンの放出は少なくなる傾向がある。

報酬を受け取る→ドーパミンが放出される→さらに報酬を求める

報酬にふけりすぎる→ドーパミンの放出が減少する

報酬が中断する→ドーパミンが流れやすくなる

ドーパミンの顕著性理論では、ネガティブな体験でもドーパミンが放出され、生存のための重要事項に私たちの関心が高まるように仕向けられることが示されている（Wang and Tsein 2011; Fowler et al. 2007）。フィッシャーは、有害な人間関係のなかで欲求不満へ関心が向けば、恋愛感情が弱まるどころか高まることを突き止めたが（Fisher 2016）、驚くことではない。

ナルシシストとの有害な関係では、実際に熱い態度と冷たい態度の組み合わせが本質的にナルシシストへの不健全な依存を招くといえる。快感と痛みがいっしょになると、快感だけのときより脳にとってより大きな報酬となるため、結果的に脳はそうした人間関係にいっそう注意を向けることになる。ナルシシストとの関係は絶え間ない衝突、ガスライティングと混乱、持続的な不確実性、嵐のような言い争い、あるいは虐待で作り上げられており、それゆえに私たちはその関係から手応えのある報酬を得るためにさらなる努力をするようになる。こうして脳内では、健全な恋愛関係のときよりも報酬回路が強化されるのである。

書いてみよう

ドーパミンによる高揚感

あなたにとってこれまででもっとも安定した恋人関係または友人関係について考えてみよう。あなたはそれをどう感じただろうか。安心感があった？　退屈だった？　喜びに満ちていた？　それに対して、あなたがこれまでに熱い態度と冷たい態度のサイクルを向けられた有害な人間関係について思い返してみよう。たとえ健全ではなかったとしても、抜け出せなくなるような、刺激的な関係だった？

オキシトシンが無条件の信頼に果たす役割

オキシトシンは「愛情ホルモン」あるいは「抱擁ホルモン」として有名で、接触、性交、オーガズムの際に放出され、愛着と信頼を深める（Watson 2013）。この同じホルモンが、出産の際には母子の絆を形成する。ナルシシストとの関係がラブボミング期にあるとき、とりわけパートナーと身体的な関係ができると、このホルモンはきわめて強い影響力をもちうる。

私たちの脳は愛する人を、たとえ裏切られた相手でも、無条件に信頼する傾向がある。オキシトシンが放出されると相手に対する信頼が深まり、信頼が壊れたあとでも時間やエネルギー、愛情を注ぎつづける（Baumgartner et al. 2008）。そのため、自己愛の強いパートナーの不倫や病的な虚言に直面しても、性的な結びつきの影響力が残り、関係の維持に腐心しつづけることがある。信頼に値しない、この有害な人物を信じてしまうのは、オキシトシンのせいなのである。

だからこそ、付き合いはじめに身体的な親密さを深めるペースを落とすことは、あなたが心を寄せる相手がそれに値するかどうかをより的確に評価し判断するのに役立つはずだ。性的な親密さという靄《もや》で認識が曇らなければ、私たちは感情をもっと理性的にコントロールして上手に対処できる。

書いてみよう

オキシトシンの靄

あなたがこれまでに経験した有害な人間関係において、性的に親密になる過程を〝早送り〟したことはあるだろうか。それによって相手の真の特性が見えなくなったことはあるだろうか。

セロトニン、コルチゾール、アドレナリンの依存性

精神科医のドナテッラ・マラッツィティは、恋する人たちのセロトニンレベルが強迫性障害（ＯＣＤ）を抱える人とほぼ同じであることを突き止めた。セロトニンは、気分（とくに不安や気持ちの落ち込み）を調節する働きがあることで知られている。ＯＣＤを抱える人もＨＳＰも同じようにこの神経伝達物質の値が異常に低い傾向がある。セロトニンレベルの低さは強迫観念を引き起こす原因にもなっている。これらを考えあわせれば、私たちがナルシシストに対して自分ではどうすることもできない気持ちを抱くのも無理からぬことである。

恋に落ちると、セロトニンレベルが低下するだけでなく、ストレスホルモンであるコルチゾールの値が上昇して闘争・逃走反応が起こり、警戒感を高めて緊急事態との闘いに備えること

になる（van der Kolk 2014）。また、コルチゾールレベルが高くなると、恐怖記憶の影響が強く出て、トラウマが体内に閉じ込められることになり、身体のだるさや多くの健康問題を引き起こす（Drexler et al. 2015）。

セロトニンレベルの低下とコルチゾールレベルの上昇が組み合わさると、パートナーや恋愛対象に夢中になり、強い執着が生まれ、2人の関係が生きるか死ぬかの問題のように感じられる。たとえ自分の幸せを傷つける人物であっても、愛する人のことをたえず考えてしまう強迫的な傾向をもつのは、このためである。

セロトニンレベルの低下＋コルチゾールレベルの上昇→パートナーに対する強い執着

アドレナリンとノルアドレナリンも、闘争・逃走反応のために身体の準備をする物質で、生化学物質による依存に関与している（Klein 2013）。私たちは愛する人を見るとアドレナリンが放出されて、心拍数が上昇し、手のひらに汗をかく。このホルモンは恐怖と結びついているが、ナルシシストと付き合っていれば、たくさんの恐怖を味わう。

アドレナリン＋恐怖＋興奮→愛情

どんな恋愛指南のコーチに聞いても、恐怖と興奮がセットになったデートのほうが記憶に残りやすく、相手とのあいだに強い絆が生まれるとアドバイスされるだろう。恐怖から生まれる興奮と愛情にはつながりがあり、たとえばジェットコースターに乗るなど、強烈な怖い思いをいっしょに体験すると、相手に惹かれ愛情が深まることが研究によって確かめられている（Dutton and Aron 1974）。ナルシシストのそばで恐怖を体験すれば、自分たちは切っても切れない仲なのだと、脳は当然のようにだまされてしまうのである。

書いてみよう

アドレナリン中毒

あなたはこれまでに有害な人間関係のなかで、どのような怖い経験や危ない経験をしただろうか。そうした出来事のあとに、穏やかで心地よい時期が訪れただろうか。

よし、このような絆の行きつく果てがわかった。でも、どうすればいいのだろう？　と、あなたは思っているかもしれない。心配しないで！　第5章では、体内の化学物質によって築かれた絆への対処法や健全な抜け出し方を具体的に紹介し、最終的にあなたがナルシシストへの依存を断ち切れるようにする。

やってみよう

「トラウマ性の絆」チェックリスト

次に挙げたチェックリストで、あなたが毒のあるマニピュレーターとトラウマ性の絆によって結びついているかどうかを判断することができる。１つずつ目を通して、自分にあてはまることがあればチェックを入れよう。

□ その人とたった一度でもやりとりしただけで、心も身体も疲れきってしまう。エネルギーを消耗したように感じて、ときに動けなくなったり麻痺したように感じることさえある。

□ その人のそばにいると、不安から身体症状が出る。たとえば、心拍が速くなったり、手のひらに汗をかいたり、急に片頭痛が起きたり、肌が荒れたり、原因不明の胃腸の不調やそのほかの体調不良が起きたりする。

□ あなたの能率が下がる。その人のそばにいるときや、その人とやりとりしたあとは、記憶や学習、計画性、集中力、判断力、意思決定が妨げられる。

□ いつの間にか何度も利用されている。相互的な関係というより、あなたが尽くす側になりがちである。相手はあなたの時間や努力などのリソースが目的であなたを利用するが、たいてい何の見返りもない。

□ その人といっしょにいると、自尊心が低くなる。相手の言葉や有害な行動によって、あなたは自分に価値がなく、どこか欠けているように感じ、自分を恥ずかしく思う。

□ 相手が他者を自分の思いどおりに操ろうとする毒のある人物であることに気づいているが、関係を断ち切ることはできないと思う。トラウマ性の絆ができているために、気がつくと相手の虐待行為を合理化し、矮小化し、あるいは否定している。ひどい扱いを受けているにもかかわらず、相手にかなり依存しているのを感じる。

□ 相手が目の前にいないときでも相手の言動が頭から離れず、その人がほんとうはどういう人物なのか理解できない。２人の関係に強い執着を抱いている。簡単な解決策があるはずのことについて話し合っていても、話の方向性を見失い、混乱した気分になる。

□ その人とやりとりすると、いつもあなたの感情は乱高下する。自信にあふれ確信をもっているかと思えば、次の瞬間、自信を失い、心が傷ついたと感じる。これはあなたを操ろうとするマニピュレーターの二面性のある行動のせいで、何かを得たいときはやさしくなり、支配を強めたいときは意地が悪くなるからだ。

□ その人から注がれた毒が解毒されるのにどれだけ時間がかかるかわからないが、数日間か数週間も離れていれば、元気が出て気分が上がる。

□ 気がつくと、あらゆることに疑心暗鬼になっている。自分が現実だと思っていることも怪しく感じる。有害なマニピュレーターは自分の言動をしょっちゅう否定するので、あなたは思い過ごしかもしれないと考えはじめる。相手はあなたにガスライティングを仕掛けて、あなたが自分の経験や感情には確かな根拠がないと思い込むように仕向ける。

□ その人とやりとりすると、いつも大きく矛盾した考えや信念、感情を抱くことになる（心理学ではこれを認知的不協和といい、きわめて感覚が混乱した苦しい状態である）。親切な態度から意地悪な態度へあっという間に切り替わるため、あなたは相手の真の性格や意図がわからなくなり、不安がふくらむ。

□ 自尊心が低下し、自分の人生に対して主体性がなくなったと感じる。その人と積極的にやりとりすると、いつも自分の非力さを感じ、学習性無力感を覚える。

自分は毒のある人に巻き込まれやすいＨＳＰだと思ったとしても、それはあなただけではない。ＨＳＰならではのいくつかの特性は、人の心を食い物にするプレデターに対して脆弱だが、毒のある人を見分け、確固たる境界線をもち、操ろうとする手口に正面から立ち向かうための強みにできる特性もあなたにはある。

本章にまとめた人間関係における危険信号を思い出すためにhttp://www.newharbinger.com/45304にある「健全な関係と有害な関係」という一覧表を参照しよう。本書の内容を補完する資料を見ることができる。この一覧表をプリントアウトして毎日目にする場所に置き、今後は人間関係に何を求めるべきか、何を遠ざけるべきかにたえず留意できるようにするといい。

第2章 良性と悪性 ——毒のある人の5つのタイプ

Benign and Malignant: The Five Types of Toxic People

かつての友人に、いつも恋に夢中の子がいた。次から次へと新しい関係に飛び移り、そのたびに自分の時間とエネルギーと貯金のほとんどを新しい恋人につぎ込んだ。私は彼女が恋愛関係で問題を抱えるたびに、いっしょに考え、支えたものだ。ところが、私がひどい喪失を体験したとき、彼女は私のことを数日間ほったらかしにした。それどころか、私が彼女の支えを期待したことや、彼女の態度に傷ついたことを伝えると、自己中心的だと言って非難した。

その旧友は質《たち》の悪いナルシシストではなかったかもしれないが、それでも毒のある人だった。だから私は、彼女が友情を修復しようと連絡してきても、すっかり縁を切ることにした。彼女の自分本位なところ、自分の恋愛しか頭にないところ、私が人生でもっともつらい時期に放置したことを考えれば、大切にする価値のある友情ではないと思った。

これは良性の毒のあるタイプの例だが、ナルシシストやソシオパス、サイコパスは悪性の毒のあるタイプに分類できる。毒性には幅があり、どの程度の毒性なのかは、行動の背景、思いどおりにするために他者を操ろうとする頻度、他者の意見にどれだけ耳を傾けられるか、相手の懸念に共感し有効な対応をするかどうかなどを考慮に入れて判断する必要がある。そして何より自分自身が安全だと思うレベルか害になると思うレベルかに基づいて、臨機応変に判断するべきである。

毒のある人には一般的に5つのタイプがあり、そのうち3つが「良性」に、2つが「悪性」に分類できる。彼らの行動を、ストーリーを交えて説明し、そうした行動が引き起こす問題にどう対処するべきか、ヒントを示したい。

良性の毒

毒のある人がすべて悪性のナルシシストというわけでもなければ、危害を加えることに喜びを感じるわけでもない。演技性パーソナリティ障害などの別の障害を抱えている場合や、生まれ育った家庭環境に問題がある場合、自己中心性、利己主義、過去のトラウマなどの問題を抱えている場合もある。それでも私の友人がそうだったように、ときにガスライティングや投影をすることもあるが、それが彼ら本来の他者との関わり方というわけではない。彼らの行動パターンは必ずしも完全に関係を断ったり厳密に名前をつけたりするほどではないとはいえ、やはり彼らとのあいだに境界線を設けることは重要だ。

毒のあるパーソナリティ❶――どこにでもいるような境界線を踏み越えてくる人

毒のある人のなかで、このタイプはもっとも良性だが、それでも害を及ぼすことがあり、それがどんな害か本人には自覚がない。あなたを説き伏せたり、パーソナルスペースに侵入してきたり、あなたが与えることができる以上に求めたり、おせっかいなアドバイスをしてきたり、あなたの時間を無駄にしたり、当てにならなかったり、約束を破ったりして、常習的にあなたの境界線を踏み越えてくる。遠慮がなくて、自分のことしか考えられず、身勝手で、そうでなければ空気が読めないのかもしれない。

ナンシーは職場でいちばんうるさい同僚だった。朝はいつも、すべての個人用仕事スペースをいちいち歩いてまわって、うんざりするほど話しかけてくる。そして、聞かれてもいないのにアドバイスをする。「ラブラドールの子犬を飼いはじめたばかりなんだけど、もう、すっごくかわいいの、死にそうなくらい……ねえ、テイラー、あなたはブルーのイアリングのほうが似合うわよ。あなたに必要なもの、わかってる？　私がブラインドデートをセッティングしようか？　知りあいにトムっていう素敵な人がいてね、以前いた会計事務所の人なんだけど。外へ目を向けなきゃ！」

スティーブの母親のクララは支配的で、毎日、職場にまで電話をかけてきてスティーブの様子を確認する。これが習慣になったのは、息子の交通事故がきっかけだった。息子のことを心から案ずるあまりの行為だが、心配な気持ちの表現方法が健全とは言えない。

◇ナンシーやクララのような人との境界線の引き方

あなたにとって都合が悪いということを丁寧に説明しよう。気を遣って話し相手になったり話題を投入してさらに話を盛りあげたりするのではなく、やりとりを短く切りあげることに神経を遣おう。たとえ悪意がなくても他者の領域に立ち入ってくる相手から、あなたはエネルギーを吸い取られやすい。ナンシーがペットやブラインドデートについて本腰を入れて話しはじめる前に「あのね、ナンシー、じつは今ほんとうに忙しくて。今のところ、だれともデートするつもりはないの」などと言って、話を遮ってもいい。それでも話しつづけようとしたら、席を外すこともできる。

境界線を無視する人との会話は、毎回少しずつ短くしていく習慣をつけよう。あなたがスティーブだったとしたら、平日は電話に出られないけど、ときどきメッセージを送ってくれたらチェックするとクララに伝え、週に1回、定期的に電話する日を提案してもいい。職場への私的な電話には出ないように徹底しよう。境界線を踏み越えてくる人をあなたの不在状態へそっと誘導すれば、相手はどうすることもできず、あなたの限度を尊重する習慣がしっかりと身につくだろう。そのうち、もっと受け入れてくれるターゲットへとたいてい移っていくものだ。

毒のあるパーソナリティ❷——お騒がせな人と目立ちたがり屋

どこにでもいるような毒のある人より毒性が1段階強いのがお騒がせな人と目立ちたがり屋だ。これらのタイプは、「たとえ周囲からネガティブな反応があっても、注目がつねに自分に集まるようにする」という身勝手な行動指針をもっている。劇的な状況をつくり出して、対立を生み、注目を集めたいという圧倒的な欲求があり、そのために賞賛を集めようとして無遠慮にふるまう。あなたの注目を求めて、信じがたいほど疲れさせ、イライラさせるが、より毒性の高いタイプにくらべればやや対応しやすい。

ハイディは注目の的になることが大好きだった。毎日、職場へ挑発的な服装でやってきては、同僚の男性たちの気を引くような態度をとり、自分の私生活について事細かに大声でおしゃべりする。病的な注目への欲求を何よりも優先し、いつもすべての会話を独占しようとするため、彼女がそばにいると同僚たちは仕事に集中できなかった。ハイディは自分の求める注目を得られないと機嫌が悪くなり、無視されたと感じて当たり散らした。

彼女の同僚の1人であるローラは、ハイディのせいで会議ではいつも影が薄くなるため、とくに気分を害していた。ローラが自分の意見を説明しているときに、ハイディがしょっちゅう口を挟んできたからだ。そのうえハイディは毎朝ローラの席までやってきて、恋愛の冒険談を話して聞かせるので、1日の始まりからやる気が削がれるのだった。

◦ハイディのような人との境界線の引き方

関心を向けないようにしよう。目立ちたがり屋はあなたの感動やエネルギーを欲しがる。求めるものが得られなければ、あなたより持続可能なエネルギー源へ移っていくだろう。この具体例では、ローラはハイディとのあいだに境界線を引くために、彼女をわきへ連れだして、会議で話の腰を折らないでくれると助かる、などと伝えるのがいい。「あなたの意見も尊重するけど、次回のミーティングでは私のアイデアについて話し合いたいから、口を挟まないでほしい。それから、朝のおしゃべりは控えてもらえないかな。朝はほんとうにバタバタしていて、だれかと話す時間も元気もないの」

もしハイディがこれらの境界線を受け入れなかったら、ローラはこうした問題を上司に相談するか、ハイディが口を挟むたびに丁重かつ確固たる態度で「すみません、私の話を先に最後までさせていただけますか」と言って遮るのがいいだろう。公の場で注意されるという、だれの目にも明らかな結果を招いて、目立ちたがり屋は自分の意図とは別の注目を浴びることになり、恥ずかしい思いをするかもしれない。それに、目立ちたがり屋の狙いをくじけば、褒め言葉を期待している相手にとって、あなたはあまりうまみのないターゲットになるはずだ。あなたが自分自身やもともと注目していたところへ関心を戻せば、その目立ちたがり屋にふりまわされる機会は減る。

毒のあるパーソナリティ❸――感情の吸血鬼

「感情の吸血鬼」は、ほかの書籍や記事ではさまざまな毒のあるタイプをひとまとめにした用語として使われることが多い。本書では、共感する能力はあるのに要求が多く、あなたをひどく消耗させるタイプの毒のある人をとくに指す用語として使う。

ロリーナの母親は感情の吸血鬼だった。何か必要がないかぎり、娘の様子を気にかけることはめったになかった。精神的な支援を必要としており、ロリーナの関心を引こうとし、ロリーナの時間を消耗した。だが、娘が母親を必要としているときに寄り添おうとすることはなかった。なんの前触れもなくロリーナの家に訪ねてきては、「孫に会わせてほしい」と言い、自分は犠牲者だという話を延々とする。ロリーナは何とかして母親とのあいだに一線を引こうとしたが、母親の求めに応じないことに、おとなになっても気が咎めた。母親が罪悪感を植えつけるような話し方をしたときはなおさらだ。とはいえ、ロリーナが助けを求めていたとき、母親はいつだってどこかに姿をくらませていたこともわかっていた。

◇ロリーナの母親のような人との境界線の引き方

率直にしっかりと話し合って、境界線を明確にしよう。一般的に毒のある人に対して繰り返し使える、すばらしい言い回しがある――「力になりたいけど、そうする心の余裕がないの」。境界線を具体的に設定し、それを踏み越えた場合にどんな対応をするかも具体的に伝えておこう。踏み込んでくるたびに、実行しよう。ロリーナは母親と話し合いをもって、「お母さんが私を必要とするときに、私がいつでも対応できるわけじゃない。家に来るのも、前もって知らせてくれないなら、申し訳ないけど来ないでほしい」と伝えてもよかった。そして、話し合いのあとはそれに従って、スマートフォンの電源を切り、緊急時以外は電話に出ないことにして、母親が予告なしに現れるつもりなら、短時間で切りあげて追い返すのだ。

エネルギーを吸い取る人への対応で重要なことは、言葉だけでなく、境界線に実効性をもたせることである。自分のエネルギーをもっとだいじなことのために残しておきたいなら、たとえ相手があなたに罪悪感を抱かせようとしても、恥じ入らせようとしても放っておき、エネルギーを供給してはいけない。あなたに寄生する一方的なつながりを断ち切るには、エネルギーを吸い取る吸血鬼を兵糧攻めにすることが不可欠である。あなたが宿主としての用をなさなければ、代わりになる人を見つけて鞍替えせざるをえなくなるだろう。

良性の毒に対する「CLEAR　UP」

どこにでもいるような毒のある人とのやりとりに限度を設けるために、頭文字が「ＣＬＥＡ

R UP」となる次のステップを実践しよう。境界線を引くことに問題を抱えているHSPは、衝突を招きそうなことや「ノー」と言うこと、良性の毒のある人と交渉することに苦労する傾向がある。でも、この「CLEAR UP」を使えば、葛藤を克服して、健全に自己主張できるようになるだろう。

C 背景を説明する（Context）
L ルールを決める（Lay down the law）
E 境界線を引く（Exercise boundaries）
A 認める（Appreciation）
R 繰り返す（Repetition）
U すりあわせて1つにする（Unity）
P 強さを見せる（Power posing）

（注記）この「CLEAR UP」は、虐待しない人物に対してのみ使用することを目的としている。効果を発揮するためには、相手が積極的にあなたの境界線を受け入れようとする必要がある。自己愛の強い人は、あなたがどんなに建設的に説明しても、境界線を設定すれば激怒するかもしれない。あなたの安全が最優先であるため、あなたとの話し合いに応じることがわかっている人にだけ実践しよう。悪性のナルシシストに「CLEAR UP」を応用する方法については後述する。というのも、このタイプには、どこにでもいるような良性の毒のある人とは異なる戦略が必要だからである。もし何らかの危険にさらされる懸念のある場合は、面と向かって対峙することは絶対に避けてほしい。

C　背景を説明する

まずは状況をわかりやすく説明して、問題の背景を明らかにしよう。これは問題そのものや候補となる解決策といった、より重要な対話へ導くためのきっかけである。たとえば、夜遅く電話をかけてくるボーイフレンドとのあいだに一線を引きたいと考えているナタリーを例にとろう。彼女は状況を明確に伝えるために、「夜中に電話がかかってくると、目が覚めてしまって、また眠るのが大変なの」などと言うこともできる。

L　ルールを決める

その行動がなぜ問題なのかを裏づけるために、どんな悪影響があるかを説明しよう。ナタリーの例では、さっきの発言に続けて、「しっかり睡眠時間がとれないとイライラするし、その日1日頭がふらふらするの。離れているあいだ、メッセージや電話でやりとりしたいと思うけど、夜ぐっすり寝ようとしてるときは、そうじゃない。私たちの関係にとって負担になってる」と言ってもいい。

E　境界線を引く

何らかの限度を設けるために境界線を引くか、完全に「ノー」と言おう。ナタリーなら、「私が寝る時間になったら、メールや電話は緊急時だけにしてね。急ぎでなければ、次の日まで待って」と言うかもしれない。

A　認める

相手があなたの境界線を尊重したら、その行為を積極的に強化しよう。ただ「ありがとう」と伝えるだけでもかまわないし、感謝してその姿勢を後押しするような手紙を書いてもいい。ナンシーなら、ボーイフレンドに「わかってくれて、ほんとうにありがとう。今ちょうど寝るところなんだけど、私に必要なものをだいじにしてくれて、どんなに感謝してるか伝えたくて」と、おやすみのメッセージを送るのもいい。

R　繰り返す

自分の信念を強くもち、目標（あなたの権利を尊重してもらうこと）に集中して、毒のある人がはぐらかそうとしても拒否しよう。自分の考えを繰り返しはっきりと主張しつづけて、相手があなたの身になって理解しようとしなかったり、あなたを脅したりする場合は話し合いをやめるという、「壊れたレコード作戦」を試してみるのもいい。

U　すりあわせて1つにする

考え方の違いを乗り越えられない場合は、「合意できない」という点で合意しよう。相手にあなたの要望に応える気がない場合は、代替案を示すか、「考え方が違うみたい。ほかにどんな解決策があると思う？」と、ただ聞いてみよう。そして、前向きに話し合いをしよう（ただし、相手が虐待も脅迫もすることなく、快く話し合いに応じるだろうと判断した場合だけにしよう。虐待してくる相手に対処するためのヒントは第3章を参照）。

P　強さを見せる

たとえ境界線を引くことに不安があったとしても、堂々とふるまおう。相手の視線から目をそらさず、自信のある態度をとれば、良性の毒のあるタイプなら意見が対立しても効果的にかじ取りできる。

書いてみよう　「CLEAR　UP」を実行する

さまざまな状況で「CLEAR　UP」をどのように実践するか、例を挙げて見てきた。では、あなたの状況ではどうだろうか。次の手引きに沿って、あなたの考えを書き留めながら進めよう。

- 背景を説明する（C）――あなたの人生で良性の毒のある人といっしょに解決したい問題について、わかりやすく説明しよう。
- ルールを決める（L）――なぜそれが問題なのか。どのような解決策があるだろうか。
- 境界線を引く（E）――その状況で境界線を主張できそうな方法を1～2つ、書き留めよう。
- 認める（A）――望ましい行動が見られたときに、その行動を強化し促すためにあなたができるポジティブな方法は何だろうか。1つ挙げよう。
- 繰り返す（R）――その毒のある人物があなたの関心を目標からそらそうとした場合に、何度でも繰り返し主張できる、あなたにとって納得のいく言葉を見つけよう。
- すりあわせて1つにする（U）――その人があなたの要求に応える気のない場合に、あなたにとって受け入れられる妥協案を考えよう。あるいは、その人が要求に応えない、応えられない場合に、あなた自身が自分の要求を満たすために何ができるか考えよう（たとえばナタリーの例では、ボーイフレンドが遅い時間に電話するのをやめようとしないなら、先手を打って自分の電話の電源を切っておくこともできる）。
- 強さを見せる（P）――あなたの置かれた状況で「CLEAR UP」を実行することに不安のある場合は、相手と会ったり話し合ったりする前に何をすれば勇気や自信が湧いてくるだろうか（たとえば、ランニングをする、前向きな肯定の言葉を繰り返す、別のだれかとロールプレイングで話し合いの練習をするなど）。

悪性の毒

ここまで、良性タイプの毒のある人について見てきた。では、もっと悪性のタイプはどうだろうか。どのように見分け、どのように対処すればいいだろうか。悪性タイプの毒のある人と意思疎通することはかなり困難な場合もあるが、あなたが自分自身のセルフケアを優先するなら、境界線を設けることはできる。彼らのいる場で自分の身を守るためには、彼らの思考やマニピュレーションの方法をまず理解しておかなければならない。そうすれば、彼らの行動の指針や周囲への搾取的なアプローチ、彼らとのやりとりや友人関係、恋人関係から安全に逃れるために不可欠な方法がわかる。

毒のあるパーソナリティ❹――ナルシシスト

ナルシシストの毒性は危険だ。というのも、彼らは自分以外のだれかにとって必要なものを気遣う共感力が現に欠けているからである。第1章で見てきたように、彼らは自己完結的かつ自己中心的で、きわめて権利意識が強い。自己愛の強さによっては、軽視されたと感じて怒りが込みあげると、虐待に及ぶ可能性がある。ナルシシストの特性や行動について覚えやすいように、頭文字がナルシシスト（NARCISSIST）になるリストを挙げておく。

N　過ちを決して認めない（Never admits to being wrong）
A　感情や責任を避ける（Avoids emotions and accountability）
R　言い返されたら激怒する（Rages if anyone challenges them）
C　思いどおりにならないと子どもっぽいふるまいをする（Childish when they don't get their way）
I　被害者に疑念を植えつける（Instills doubt in their victims）
S　衝突すると非協力的な態度をとる（Stonewalls during conflicts）
S　悪口を言ったり中傷したりする（Smears and slanders you）
I　現実を受け入れずガスライティングする（In denial and gaslights you）
S　口をきかなくなる（Subjects you to the silent treatment）
T　第三者を巻き込んでけなす（Triangulates you and tears you down）

ジョアンのボーイフレンドはナルシシストだった。いつも彼女をこき下ろし、話し合いには非協力的で、少しでもばかにされたと感じるたびに逆上した。彼女を家族や友人から孤立させて、支配しようとした。暴力をふるうと、あとからガスライティングを仕掛けて、虐待は彼女のせいだと思い込ませようとした。もちろん、いつもこんなふうだったわけではない。付き合いはじめのころは寛大で、感じがよかった。付き合いが長くなると、彼はスイッチを切り替えたように本性を現した。冷酷で、思いやりがなく、彼女の体調が悪くても気遣うことはめったになく、それどころか彼女がいちばん弱っている瞬間を見計らって言葉で攻撃し精神的に追い詰めた。

ナルシシストとの境界線の引き方

虐待をするナルシシストは、ほかのどこにでもいるような毒のある人とのあいだに境界線を引くようなわけにはいかない相手だ。あなたの境界線は踏みにじられ、平気で侵害されるだろう。あなたの権利もそうだ。あなたが自分の境界線を主張したら、ナルシシストはその情報を、あなたが何にいちばん傷つくかを知るための手がかりとし、あなたをさらに挑発するための攻撃材料として利用する。別の言い方をすれば、ナルシシストに弱みを握られたら、さらにそこを突かれるだけである。そのため、彼らと率直に話し合おうと、如才なく話し合おうと、実効性のある前向きな解決策は得られないことが多い。

虐待が言葉によるものでも、情緒的、心理的、身体的、性的なものでも、あなたには虐待をする人物から離れる権利があるということを理解することが重要だ。虐待者から安全に逃れる計画を立てることが、とりわけ暴力や身体的な攻撃を受ける脅威のある場合は欠かせない。その場合、安全な場所を見つけて避難が完了するまで、自分が出ていくことを相手には知られないほうがいい。避難後のやりとりも、手短に事実のみを伝え、ナルシシストがふたたびあなたの人生に忍び込んでこないように、すべてのドアを閉ざさなければならない。

しかし、ナルシシストが職場にいるなど、すぐに離れられない場合や、避けられない状況で関係を続けざるをえない場合はどうすればいいだろうか。ナルシシストが家族にいて、一生、逃れられない場合は？　ナルシシストとの境界線の引き方のヒントをこれから紹介したい。

◇ナルシシストの戦術や挑発に対して感情的に反応しない

歩きはじめたばかりの幼児があなたに失礼なことをしたりかんしゃくを起こしたりしたからといって、あなたはその行為に何らかの意図を感じて反応するだろうか。誤解しないでほしいのだが、ナルシシストはおとなで、本人の行為はすべて本人の責任だ。しかしながら、注目や反応を求める相手の欲求をあなたが満たしてあげる必要はない。なるべく相手の怒りを、関係者ではなく、一歩引いた部外者の視点で眺めよう。相手のふざけた態度がいかにくだらないかを理解して、返事はできるだけ短くし、心理的に距離を置こう。

さらに、あなた自身にも境界線を引いて、見当違いの義務感や罪悪感から感情を操作するような行為に屈しないようにしよう。ナルシシストが機能障害に陥った原因はあなたではなく、あなたにそれを治療する責任はない。あなたは彼らのセラピストでもないのだから（セラピストだとしたら、境界線を引くことも支援の一環となる）、他者に対する彼らの破壊的な行為を直したり治療したり、あなたにとって害になる行為に耐えたりすることは、あなたの仕事ではない。自分を癒やし、治す責任は本人にある。あなたが義務を負うのはあなた自身に対してであり、あなたの幸せを害する人を見抜き、いつ手を切って別れるかを判断することである。期待どおりの反応をして、相手の常軌を逸した行為に油を注いではいけない。

◇やりとりはできるだけ手短に——誠意をもって対応してもいいが、積極的に関わってはいけない

ナルシシストは挑発の達人で、あなたにめまいのするような迂回戦術を仕掛けて、目標を見失ったような不安定な気持ちにさせる。そのため、あなたは自分が操られているのか、本来の目標を見据えているのかを自覚する必要がある。あなたの目標が仕事で最善を尽くすことなら、ナルシシストの同僚が否応なく仕掛けてくる心理戦に巻き込まれて消耗するよりも、その目標に集中しつづけることに全力を尽くし、質の高い仕事を生み出すことに注力しなければならない。あなたの目標が子どもたちの親権を維持することなら、どんなに挑発されても、罠にはまって法廷で不利になるようなもの（とくに証拠になりそうな音声データやメールなど）を残してはいけない。あなたの目標が有害な親から嫌がらせを受けずに家族のイベントに参加することなら、害のない家族と時間を過ごして、エスカレートする可能性のある会話は丁重に遮り、ナルシシストの親とのやりとりは控えることに重点を置こう。

◇会話が危険な領域に入ったら、話題を変えよう

ナルシシストとの会話が避けられない場合は、なりゆきが不穏になったら話題を変えたり会話を終えたりする習慣を身につけよう。たとえば、あなたの妹があなたを貶める手段として未婚であることを持ち出す癖があるなら、妹が興味を持ちそうな別の話題へ会話を誘導しよう。ナルシシストが自分語りできるような話題にすれば、あなたに向いた意識をたいていそらすことができる。

◇将来的に抜け出す方法をブレインストーミングする

今、有害な職場で身動きがとれないと感じていても、永遠にその職場にいる必要はない。今、有害な関係から離れられないと感じていても、一生その関係に留まる必要はない。将来のために計画を立てよう。貯金して、高い信用を築いて、ほかの選択肢を検討しよう。ナルシシストと結婚しているなら、離婚に備えてファイナンシャルプランナーや対立を好む攻撃的なパーソナリティの人（ＨＣＰ、ハイ・コンフリクト・パーソナリティ）との離婚に精通している弁護士に相談しよう。カウンセラーや支援グループ、友人、家族など、理解してくれる人の支援を受けよう。計画段階でナルシシストに首を突っ込ませてはいけない。彼らはしばしば計画を妨害しようとするからだ。

◇すべて記録する

ナルシシストに関する詳細な記録が必要になる場合が多い。とりわけ職場ではそうだ。電子メールやテキストメッセージ、音声メッセージ、あるいは搾取や虐待の証拠として必要な場合には（法律で認められている範囲で）会話の録画や録音といった記録まで保存しよう。虐待者に対して訴訟を起こすと決めた場合には、証拠資料を保全することがとりわけ肝心で、ナルシシストの仕掛けたガスライティングに対抗する大きな力となる。

◇マインドフルネスを実践し、セルフケアを十分すぎるほどにする

第7章で後述するように、セルフケアは有害な人物によって恐怖にさらされたあとではとくに重要だが、そうした人物によってエネルギーを吸い取られたときにも不可欠である。瞑想やヨガ、安心できる場所を思い描くといった癒やしの技法は、あなたを今この瞬間に引き戻す絶大な効果があり、ナルシシストと関わりがあるためにどんな状況に直面しようとも、新たなエネルギーと自信を吹き込むことができる。

毒のあるパーソナリティ❺——ソシオパスとサイコパス

ソシオパスやサイコパスとして広く知られる精神疾患は、最新の『精神疾患の診断・統計マニュアル（DSM－5）』（APA 2013）にある反社会性パーソナリティ障害の定義にもっとも近い。反社会性パーソナリティ障害を抱える人は、他者の権利を侵害するなど社会規範に適合しない行動パターンをもち、苛立ちやすさや攻撃性、不誠実、衝動性、自己と他者に対する度を越した無関心、一貫した無責任、反省の欠如といった特性を示すことが多い。反社会性パーソナリティ障害を抱えるすべての人がソシオパスあるいはサイコパスというわけではないが、多くのソシオパスとサイコパスは反社会性パーソナリティ障害の診断基準を満たす。前述したように、ソシオパスは2次的に高不安型となった、衝動的で敵意に満ちたタイプとされることがよくあり、環境によって生み出されると考えられているのに対して、サイコパスはもともと低不安型で、計画的で凶器を使った攻撃を行い、環境がつくるというより生まれつきの特性だと考えられている。あなたの交際相手がソシオパスであろうとサイコパスであろうと、両者には重なり合う特徴が多い。

18歳未満では反社会性パーソナリティ障害の診断ができないため、症状が進行している人は通常、15歳になる前に行動障害と診断される。これが意味するのは、子ども時代から小動物の虐待や殺害、いじめ、窃盗、放火、病的な虚言といった問題行動の履歴があるということである。

サイコパシーの専門家であるロバート・ヘア博士は、サイコパスに特有の性質について理解を深めるために、「サイコパシー・チェックリスト改訂版（ＰＣＬ－Ｒ）」を作成している。

- 口達者で表面的な魅力がある
- 病的な虚言
- 寄生的な生き方
- 狡猾、他者を操ろうとする
- 衝動性
- 無神経、共感の欠如
- 浅い感情
- 刺激への欲求
- 浅い情動
- 無責任
- 自分の非を認めない
- 現実的な長期目標の欠如
- 不特定多数との性行為
- 退屈しやすい

・早期の行動障害、青少年犯罪
・度重なる短期間の婚姻関係
・多様な犯罪の能力
・自己誇大感

ソシオパスとサイコパスは、毒のあるタイプのなかでもっとも悪性度が高い。共感が欠如しているだけでなく、良心も悔恨の念も欠如している。暴力的な傾向があり犯罪行為に手を染める者もいれば（前述した妻殺しのスコット・ピーターソンやクリス・ワッツのように）、善良な市民の仮面をかぶって密室で不倫や不貞といった裏切りを犯す者もいる。いずれにしても、両者は複数の浮気、詐欺、自分の利益のために他者を利用するといったリスクの高い行為を行う。他者を傷つけることにサディスティックな喜びを感じ、犠牲者の痕跡を残す。サイコパスの定義となる特性を覚えやすいように、頭文字がサイコパス（ＰＳＹＣＨＯＰＡＴＨ）になるリストを挙げておく。

Ｐ　病的なうそつき（Pathological liar）
Ｓ　表面的な魅力（Superficially charming）
Ｙ　たえず刺激を求める（Yearns for constant stimulation）

C　良心のない無情な詐欺師（Conscienceless and callous con artist）
H　隠れて二重生活をする（Hides double life）
O　自己を過大評価し、誇張する（Overestimates self, grandiose）
P　寄生的なライフスタイルと乱れた性生活（Parasitic lifestyle and promiscuity）
A　攻撃的で衝動的（Aggressive and impulsive）
T　嘲笑したりトラウマを与えたりすることを楽しむ（Taunts and traumatizes for fun）
H　ありふれた風景のなかに潜む（Hides in plain sight）

悪名高い事件があった。メアリー・ジョー・ブッタフオコの夫ジョーイはソシオパスで、長期にわたって妻を欺き、若い女性と関係をもっていることをひた隠しにしていた。その愛人が意を決してメアリー・ジョーの玄関先に現れ、メアリー・ジョーの頭部を撃ったが、しばらくその不倫関係が露見することはなかった。幸いにも、メアリー・ジョーは助かった。銃撃事件に関する自著『ゲッティング・イット・スルー・マイ・シック・スカル（Getting It Through My Thick Skull）』のなかで、夫が不貞を否定した言葉や言い訳には非常に説得力があったと書いている。彼女は「多くのソシオパスにもっとも顕著で印象的な特性の1つは、他者を操り、利益を得、罰を避け、あるいは単に楽しむためにうそをつく見事なまでの能力である。私に言えるのは、あなたがまだソシオパスの魔法にかかったことがないのなら、感謝しようということだけだ。彼らは木々にとまっている鳥をも魅了し、黒を白だと言ってあなたに信じさせることができる」と指摘する（Buttafuoco 2009）。

ソシオパスやサイコパスとの境界線の引き方

これらの捕食者タイプとのあいだに境界線を設定することには危険が伴うため、これまでとは異なる基準や安全手順が必要である。あなたの付き合っている相手がソシオパスかサイコパスかもしれないという疑いのある場合は、境界線の設定をやり遂げようとしてはいけない。面と向かって会うことは何であれ避けよう。あなたは自分の安全を最優先するべきである。守るべき基本的なガイドラインを次に挙げておく。

◇**信頼するすべての人に、付き合っている相手が危険人物かもしれないと伝えよう**
信頼できるセラピスト、親友、家族に（この人物と親しくない人が望ましい）、この人物ならやりかねないとあなたが懸念している内容を伝えよう。そうすれば、あなたに万が一のことがあっても、少なくとも数人は何が起こっているかを察知できる。

◇**ストーカー行為や嫌がらせ、脅迫があった場合は警察に通報しよう**
あなたの収集した証拠資料（テキストメッセージ、電子メール、音声メッセージなど）があなたの主張を裏づけてくれるだろう。相手にあなたの所在を知られてはいけない。ソーシャルメディアのプライバシー管理を強化して、一般に公開する情報を制限しよう。

◦デートの初期段階では身元と個人情報を厳重に保護しよう

実際の電話番号ではなく、メッセージアプリやグーグルボイスを使って通話しよう。どこに住んでいるかを明かさず、つねに公共の場で会うようにしよう。はじめはおたがいの家を行き来するのは避けよう。相手の人柄がよくわかるまで、自分の収入やこれまで耐えてきたトラウマを打ち明けてはいけない。相手のことをよく知るまで、お金を貸したりあなたの家で同棲させたりしてはいけない。ソシオパスやサイコパスは、利用できそうな弱みをもつ、だまして食い物にできそうな人をたえず探しているからである。

書いてみよう

あなたのプレデターを知ろう

あなたの人生にとって害のある人や他者を操ろうとする人はだれだろうか。本章で取り上げた行為をする人たちをリストアップしてみよう。それぞれの名前の横に、5つの毒性のうち、もっとも近いと思われるタイプを書き留めよう。彼らと次にやりとりする際に、それぞれの毒性に基づいて、本章で紹介したどの戦略を実践できるだろうか。

比較的おとなしく、共感したり自分を変えたりする力のある感情の吸血鬼や境界線を踏み越える人、お騒がせな人と違って、悪性タイプは話し合うことが非常に難しく、安全にやりとりするためにはまったく異なるスキルが必要となる。次章では、これらについてさらに詳しく見ていく。

第3章

毒のある人との付き合い方
――マニピュレーションの策略に対抗するために

Toxicity Playbook: Countering Manipulation Tactics

もう何年も前のことになるが、いまだに覚えている。ある夜、私は生まれてはじめて接近禁止命令をもらうために、マンハッタンにある所轄の警察署へ夜中の3時に出向いた。以前付き合っていたボーイフレンドからまた脅迫メッセージが届いて、警察に通報したのだった。私は被害届に慎重に記入した。手が震え、心臓は1分間に百万回脈打っているように感じた。幸いなことに、必要な証拠はすべてそろっていた。匿名の電話番号からの数十件にのぼる不在着信、偽のメールアドレスから送られてきた複数のメッセージ、私をあざけり、元の関係に戻そうとするために毎日ひっきりなしに送られたテキストメッセージなど、私はすべて保存していた。彼は私の名前で偽のメールアドレスを作成し、私の出版した本に言及したメールを送ってきた。つねに私を監視し、いつでも妨害できることを思い知らせるためだ。付き合っていたころから私に病的な嫉妬心を爆発させていたことを考えれば、驚くべきことではない。

今回、私は覚悟を決めて備えていた。ラブボミングから激怒まで、さまざまなメッセージが集中砲火のように浴びせられるなかで、彼には事実だけを穏やかに伝え、嫌がらせをやめるように求めた。それでも彼がそうした行為を続けるに及んで、私は彼には知らせず警察に通報した。ほぼ1日かかったが、ついに彼は嫌がらせの容疑で逮捕され、釈放後は私に対する接近禁止命令が与えられた。以来、彼から連絡してくることは二度となかった。

悲しいことに、すべての被害者がそれほど幸運というわけではない。多くは嫌がらせが続き、別れて数年たってもストーカー行為に遭うことがある。接近禁止命令が事態を悪化させる場合もあり、殺害されることすらある。毒のある人やナルシシストに効果的に立ち向かうには、周到な準備が必要だ。なぜそんなことをするのか、意図は何か、どんな反応をすれば身を守る最善策となるのか、相手の行動の表も裏も知っておかなければならない。

毒のある人の行動について、第1章でいくつか簡単に見てきた。本章ではより幅広く詳細に扱うが、次の区別を心に留めておいてほしい。どこにでもいるような良性タイプはここで紹介する手口をたまに使うことはあっても、それは自分の欲するものを手に入れるためであり、自覚のない場合もある。しかし悪性タイプはこうした他者を操るテクニックを使うことが1つの生き方になっている。自分の計画を達成するためだけでなく、他者を挑発して感情的な反応を誘うためにも、頻繁に過度に使う。こうした策略の多くは、相手を過小評価し黙らせるための牽制手段として使われる。例に挙げた体験談を読みながら、あなたの過去の人間関係でこれらの手口に覚えがないか、確かめよう。

非協力的な態度と沈黙作戦

たまに人間関係において、頭を冷やすために議論を小休止したいと思う人がいるかもしれない。そんなとき彼らは、自分にはそれが必要なのだと丁寧に相手に伝える。良性の毒のあるタイプや回避傾向のある人は、ときに非協力的な態度をとって、関係を揺るがしかねない話し合いを避けるためにコミュニケーションを拒否することがある（Kuster et al. 2017）。ところが悪性の毒のあるタイプは、彼らとはまったく異なる。ナルシシストはあからさまに被害者の感情を無視したり黙らせたりするために非協力的な態度をとる。自分のほうが優位に立ち、被害者を挑発して理性を失わせ、激しい精神的苦痛を与えるためである。研究者のキプリング・ウィリアムズとスティーブ・ナイダによれば、非協力的な態度や沈黙作戦のような扱いを受け、社会的に受け入れられなかったり無視されたりすれば、前帯状皮質という身体的な痛みを記録する脳の部位が、痛みを感じたときと同様に活性化するという（Williams and Nida 2011）。拒絶されることには顔面をなぐられるのと同じような痛みを伴う場合があるのだ。

サバイバーのローレンはこう説明した。「元彼はナルシシストで、正当な理由もなく長期にわたって私と口をきかなくなるという仕返しをする人だった。たいていは彼のしたことや言ったこと、あるいは彼が一線を越えたことに対して私が自分の気持ちを伝えようとすると、黙り込んだ。父が肺がんと診断されたことを知ってからは、冷たい態度をとるようになり、私から離れていった」

非協力的な態度をとる人は、あなたがあなた自身の考えや意見、あるいは自分と異なる認識をもつことを許さない。あなたを言い負かしたり、拒絶したり、コミュニケーションの回路をすっかり閉ざしたりしたがる。あなたの感情や考え方に価値を認めず、あなたの懸念もいっさい顧みず、恐怖と義務感から自分の要求に無理にでも従うように最後通牒を突きつける。非協力的な態度をとられると、被害者は自分の感情を押し込め、ほんとうの気持ちを犠牲にするようになる。研究によれば、それは幸福感や人間関係の質を下げることにつながる（Impett et al. 2012）。

研究者のジョン・ゴットマンは、人間関係が否応なく破綻へ向かうことが予測される4つのコミュニケーション方法を解き明かし、「黙示録の4騎士」と呼んだが（Gottman 1994）、非協力的な態度はそのうちの1つである。ちなみにほかの3つは、自己防衛、侮辱、非難で、これらはすべて本章で見ていくほかのマニピュレーションの手口にも登場する。

健全な人間関係では、パートナーが相手の感情を認めたり、アドバイスを与えたり、実際的なサポートを提供したりすることによって相手のストレス信号に協力的に反応する「ダイアディックコーピング（二者対処）」と呼ばれる過程で、安定した関係の基盤が築かれる（Kuster et al. 2017)。ダイアディックコーピングは、関係の質、親密さ、安定感を測るための信頼できる指標である。パートナーがおたがいの経験をありのままに相互に認めあい、相手のニーズに寄り添えば、感情をわかちあうことによる安心感を得られ、見守られ、耳を傾けられ、支えられていることを実感できる。会話を始める前から遮れば、確実に責任を逃れられるが、関係における親密さとダイアディックコーピングは確実に破壊される。

この「要求する・引き下がる」というパターンに陥った関係では、一方が引っ込み、それに対してもう一方はますます要求と不安を強めることになり、関係にさらなる葛藤と被害者の抑うつをもたらす(Schrodt et al. 2013)。パートナーのなかには(とりわけ男性のパートナーには)衝突を避けるために消極的な態度をとることが癖になっている人もいるが、かえって緊張を高め、解決できない問題を生じさせることになる。

相手を操ろうとする意図をもって、無情で冷淡に非協力的な態度をとる場合、さらにその脅威は増す。悪性のナルシシストが黙り込むのは、あなたが承認を求めてすがってくるように仕向けるためである。心理学者のジェフ・パイプ博士は「人間関係において非協力的な態度をとることは、精神的に酸素の供給を断つことに等しい。非協力的な態度に伴う相手の感情への無関心は、放置の一形態である」と書いている(Pipe 2014)。非協力的な態度をとられると、はじめに恐怖の感情を抱き、それから怒りの感情が湧いてきて、相手から何らかの反応や解決を得ようとする虚しい努力をすることになる。努力が実らなければ、次に挙げたリンダの例のように、見捨てられ、顧みられず、愛されていないと感じる。

リンダはパートナーのジョンからの扱いが気になっている。彼の機嫌は制御不能で、執拗に非難してくるのだ。リンダは自分の誕生日に夕食の席で、彼の態度について話題にしようとする。だが、彼はリンダの言うことを認めず、気にしすぎだと言う。最近彼に言われたことでどれほど傷ついているかを説明しようとすると、ジョンは「もう話は終わった！」と、くってかかるように言い放ち、不意に席を立つと何の説明もせずにアパートから出ていってしまい、誕生日のリンダを放置する。

リンダが電話をかけても通話を拒否し、メッセージも未読のままだ。リンダは一晩中、寝つけず、彼のことを考えて泣いている。彼が戻ることはない。リンダが望んでいたような建設的な会話をする機会は一度もないまま、その日は終わってしまう。しかも、ジョンはリンダの誕生日をだいなしにした。ところが翌日、彼は何事もなかったかのように電話してくる。今までどこにいたのかリンダが尋ねようとすると、「君は自分の抱えている問題についてほんとうにセラピストに相談したほうがいいよ」と言って、リンダの返事も待たずに電話を切る。

この例では、ジョンは繰り返しリンダに対して非協力的な態度をとっている。リンダの感情を無視して、ぞんざいに話題を変え、事態が水面下で悪化しつづけているにもかかわらず、目の前にある問題に対処しようとしない。この態度はリンダにさらなる苦痛、不必要な緊張とトラウマをもたらす。見捨てられたことによる深い傷は言うまでもない。リンダの痛みに対してまったく共感を示さず、彼女にとって特別な日に放置するジョンは、典型的なナルシシストである。もし彼がリンダの悩みに向き合う時間をとっていたら（でも彼にはそうする心の余裕がないように見えるが）、はるかに前向きで平穏な結果になっていただろう。

非協力的な態度とは、進行中の会話に終止符を打つことのように思われるかもしれないが、実際には雄弁で、相手に対してきわめて残酷で侮蔑的なオーラを発散する。非協力的な態度をとる人の意図が何であれ、この態度は相手に「君は取るに足らない存在だ。返事をする価値もない。君の考えも感情も私にとって重要ではない。君は私にとって重要ではない」と物語る。

非協力的な態度の変形が沈黙作戦である。黙り込むのは罰の一形態で、まったく理由もなく行われる場合もあるが、「境界線を引けば悲惨な結果になる」と条件づけするために行われる場合もある。他者を操ろうとする捕食者《プレデター》がしばしば沈黙作戦を使うのは、あなたに恐怖や義務感、罪悪感を抱かせて、あなたが承認を求めてすがったり、相手の望むことを黙って受け入れたりするように仕向けるためである。認定心理カウンセラーのリチャード・ズボリンスキは、これはナルシシストの大好きな手口だと断言する。「沈黙作戦は、おとなのナルシシストが用いる虐待の戦略だが、相手が降参して自分の欲しいものをくれるまで息を止めると言う子どもの脅しのようなものである」（Zwolinski 2014）

もしこのタイプのマニピュレーションに苦しんできたなら、あなたが見捨てられたように感じるのは正常な反応だと知ってほしい。ナルシシストの手にかかると、非協力的な態度や沈黙作戦が耐え難い痛みや苦しみを生むのだ。

非協力的な態度や沈黙作戦を突破するためのヒント

沈黙作戦を実行されたら、自由を味わい、セルフケアをする期間として利用しよう。あなたを無視する相手と心を通わせようとするよりも、自分の感情に意識を向けて、その人のせいでどんな気持ちになっているかを見つめよう。その経験を、相手と別れるチャンスであり、自分はそんな扱いを受けるべきではないと思い出すきっかけとして捉え直そう。ナルシストがあなたに非協力的な態度をとったり沈黙作戦を実行したりするときは、逆にあなたの反応を欲しがっているということを覚えておこう。あなたに追いかけてほしい、関心を求めてすがってほしいのだ。あなたを挑発したい、支配したい、貶めたいと思っているのだ。

相手に自分の気持ちを伝えようとしても非協力的な態度をとられて無駄に終わった場合、問題があるのはあなたではないと理解しよう。これが長期間続いているなら、自責の念を捨てて、喜ばない人を喜ばせようと心を砕くのはやめよう。毒のある人のコミュニケーションのパターンは、本人が自分から変えようとしないかぎり、変えることはできない。

機能しないコミュニケーションパターンの解消に、おたがいが積極的に取り組もうとする健全な関係のなかでは、非協力的な態度は改善される可能性がある。しかし、病的なパートナーとの不健全な関係のなかでは、セルフケアや自分の身を守ることが何よりも重要だ。あなたの言葉に耳を傾ける気のない相手に話しかけるのはやめて、そこから逃げたほうがはるかにいいと思える時期がいつか来る。そうでなければ、相手の病的な心理ゲームに付き合わされるだけだ。ナルシシストがあなたに非協力的な態度を向けるときは、あなたのことを心から尊重してくれる人たちと話すために声をとっておいて、セルフケアにいそしもう。

書いてみよう　**非協力的な態度の実例**

これまでに会話を打ち切られたときの経験をいくつか書き出そう。あなたはどう感じただろうか。相手に伝えられなかったことは何だろうか。この先、非協力的な態度に出くわすことがあったら、どうすれば自分をもっと大切にできるだろうか。

ガスライティング

ガスライティングは他者を操るための陰湿な行為の一形態で、あなたの現実感をむしばむことを目的としている。毒のある人があなたにガスライティングを仕掛けると、あなたの考えや生活のなかでの経験、感情、認識、そして正気までも疑問視し認めないような、常軌を逸した議論を繰り広げる。ナルシシストやソシオパス、サイコパスはガスライティングを使って、あなたが抵抗できなくなるまで疲弊させる。あなたはこの有害な人物と健全に別れる方法を探るどころか、自分の主張が確かで正当だと思える感覚を取り戻そうとする努力を妨害される。

「ガスライティング」という用語は、パトリック・ハミルトンが1938年に発表した戯曲『ガス燈』から生まれた。妻が自分自身の現実認識に疑いを抱くように仕向け、妻を狂気の淵へ追い込んだ夫の話だ。1944年にはハリウッドでも映画化されて人気を博し、広く知られるようになった。映画は、人気オペラ歌手を殺害し、のちにその姪のポーラと結婚したグレゴリー・アントンという男にまつわるサイコスリラーになっている。

妻のポーラが施設に入れれば、妻のもつ家宝の宝石をすべて手にできると考えたグレゴリーは、今住んでいる妻の叔母の家は亡霊にとりつかれていると思い込ませて、妻の現実感覚を混乱させる。彼は家にある物の置き場所を変え、ガス燈の明かりが強くなったり弱くなったりするように細工し、屋根裏で物音をさせる。こうしたばかげた筋書きを実行すると、妻にこれらの出来事はすべて彼女自身の想像の産物だと言いふくめる。恐怖のあまり助けを求めることがないように、彼はポーラを孤立させる。そしてこの新しい偽りの現実を補強するために、多くの第三者を雇う。たとえば、彼はメイドたちを呼んで、絵を動かしたのは彼女らではないと確認し、たとえ身に覚えがなくても動かしたのは君しか考えられないと妻に言い聞かせる。ところが、部外者の警官によって家のガス燈の明かりが実際に揺らめくことが確認されるにいたって、ようやくポーラは自分がすべて正しかったことを知る。

この映画には、多くのサバイバーが密かに虐待され、孤立しているときに経験する多くの事例が反映されている。被害者は自分の頭がおかしくなったように感じて、自己不信に陥る。自分を衰弱させようとする手の込んだ企てがあることを突き止めるのは、たいてい自分の認識が正しいことを証明してくれる〝自分自身の警官〟を見つけたときである。

ガスライティングが非常に効果的な理由は、「もう1つの現実」が繰り返されるだけで、私たちが思わず真実を手放しそうになるほどの力をもつからだ。研究によって、同じ言葉が何度も繰り返されると（たとえそれが誤っており、被験者も誤りだと知っていても）、単純に反復の効果により、それが真実であると評価される可能性の高くなることがわかっている（Hasher, Goldstein, and Toppino 1977）。聞き手が疲れていたり、ほかの情報に気を取られていたりすれば、その効果はさらに高くなる。ガスライティングの被害者が自分の訴えを虐待者に認めてもらえないときが、まさにその状況である。また、主張になじみがあるかどうかも、信じるかどうかに大きく影響し、ときに信憑性よりまさることもある（Begg, Anas, and Farinacci 1992; Geraci and Rajaram 2016）。

過去を書き換えようとする意図をもってガスライティングを仕掛けるマニピュレーター（他者を操ろうとする人）は、この「心理の錯誤効果」をうまく利用する。虚偽を頻繁に繰り返すことによって、反論の余地のない真実として被害者の心に植えつけるのである。あなたが自分自身の現実感覚に疑念を抱き、自分の精神状態を疑わしく思い、自分の認識を信用できなくなると、操る側はさらに容易に問題行動をやってのけることができる。彼らが過去を書き換えるのに忙しくしているあいだ、あなたも自分の境界線がどのように侵害されてきたかをしっかりと理解するために、自分が見聞きしたことと相手の主張とを必死に重ね合わせようとする。よくあることだが、悪性のナルシシストは「そんなこと、ぜったいに言ってないよ」「大袈裟だな」「君は敏感すぎるよ」「誇張してるんじゃない」などと言って、被害者を平然と言いくるめる。

ナルシシストがガスライティングで被害者をだます、もう1つのよくある手口は、被害者を病的だとみなし、あたかも不安定になっている患者に診断を下す権威ある医師のようにふるまうことである。DVをする人のなかには、被害者が正気を失っているという証拠を数多くでっち上げるために、被害者が心の健康を害するように直接働きかける人までいる。これにより被害者の信用は下がり、彼らが虐待に対して声を上げても、情緒不安定だとか、混乱していると言われる。実際に、全米DVホットライン（NDVH）は虐待者とのカップルセラピーを推奨していない（National Domestic Violence Hotline 2018）。というもの、セラピーが被害者にとってさらに踏みにじられガスライティングされる場になる可能性があるからだ。NDVHと全米DV・トラウマ・メンタルヘルスセンター（NCDVTMH）の推計では、相談の電話を寄せた人のうちの89％が虐待者から何らかの形でメンタルヘルスへの支配を経験し、43％が強制的な薬物の乱用を経験しているという（Warshaw et al. 2014）。これらの虐待者は、パートナーのメンタルヘルスや薬物使用の問題に積極的に関わり、しかもその情報を子どもの親権訴訟などの法的手続きでパートナーにとって不利な情報として提供すると脅迫していた。

日々、勘違いや誤解によってガスライティングが起こることもあるが、意図的なガスライティングは目的を念頭に置いて実行される。セラピストのステファニー・サーキスは、悪性のナルシシストがガスライティングを仕掛ける際にはかならず目的があると指摘する。「目的は、被害者あるいは被害者たちに自分の現実認識に疑念を抱かせ、ガスライティングする側に依存させることである。虐待者が反社会性パーソナリティ障害などのパーソナリティ障害を抱えている場合は、生まれながらに、他者をコントロールしたいという飽くなき欲求をもっている」（Sarkis 2017）

ガスライティングする人は、被害者が虐待に抵抗すると、恥じ入らせたり、罰を与えたり、感情を無視したりする。ガスライティングが長期間続くと、計り知れないほどの恐怖、不安、自己不信を生み出し、矛盾し対立した信念によって内面が混乱した状態になる認知的不協和を起こす。被害者は、一方では、何かがおかしい、何かが間違っていると気づいている。ところが他方では、ガスライティングする人が自分の現実と認識を権威的な態度で否定しつづけるせいで、被害者は自分が真実を知らないように感じ、自分自身の経験を信じることができない。

頻繁にガスライティングされる被害者は薄氷を踏むような思いをし、やがて自分自身の認識よりもガスライティングする人のうそを信じるようになる。『ザ・ガスライト・エフェクト（The Gaslight Effect）』の著者であるロビン・スターン博士によれば、これは1つには被害者がガスライティングする人からの承認を求めているからで、虐待のサイクルのなかで強化されていくという（Stern 2007）。

カテリーナは、夫のデールが浮気をしているのではないかと疑っている。デールは仕事からの帰りが遅いだけでなく、しょっちゅうトイレにスマホをもち込むし、夜中にかかってくる怪しい電話に出るために起きるし、夕食のあいだもひっきりなしにスマホでメッセージを打つ。カテリーナは夫婦のベッドで自分のものではない女性ものの下着を見つけたことがあるが、デールはカテリーナのものだと言い張る。どこで、だれと、何をしていたのか尋ねるたびに反発し、カテリーナに対して、想像がたくましい、頭がおかしい、愛情に飢えている、思い過ごしだと非難する。山ほど証拠があるにもかかわらず、カテリーナは自分がほんとうに被害妄想にとりつかれているのかもしれないと考えはじめる。やっぱり、その下着は自分のものだったのだろうか？　あの人が言うように、電話の相手は同僚だったのかもしれない。これまでも言ってたように、あの人が距離を置くのはほんとうに私のせいなのかもしれない。あの人にはひとりの時間が必要なだけかもしれないと、カテリーナは理屈をつける。

カテリーナはデールと対立することをすっかり避けるようになり、彼を喜ばせることに最善を尽くそうとする。もっと夫を大切に思うやさしい妻、夫を溺愛する妻になろうと、これまで以上に努力する。下着の疑惑については口に出さないようにしていたが、ある日、仕事から早く帰宅したカテリーナは、夫が隣家の女性とベッドに入っているところを目撃してしまう。

ガスライティングを打ち消すためのヒント

ガスライティングを仕掛けられている気がしたら、この種の隠れた虐待からの回復を専門とする、トラウマに詳しいセラピストなど、支えになってくれる第三者に助けを求めよう。そして、関係のなかで何が起こったのかを自分の言葉で話し、いっしょに検討しよう。自分の現実感覚を取り戻すために、あなたの経験したことをそのまま書き留めよう。自分の感情や考え、気持ち、認識などを書き残すために日記をつけよう。そうすれば、起こったことをすべて記録することになる。

もう一度繰り返すが、迷いがあるなら、すべてを記録しよう。とくに、職場でガスライティングに遭っているなら、なおさらだ。電子メールを印刷し、テキストメッセージのスクリーンショットを撮り、音声メッセージを保存し、あなたの居住地で合法なら会話を録音しよう。ガスライティングする人からの説明や承認を欲しがるという罠に落ちるのではなく、自分で自分を認めることに目を向けよう。自分が経験してきた虐待の現実を再確認すれば、ナルシシストから負った傷を癒やすことへの第一歩となる。起こった事実に自分をつなぎ留め、あなたにとっての現実をだれにも書き換えさせてはいけない。

書いてみよう　リアリティ・チェック

背景を適切に関連づけるために、ガスライティングする人ではなく、あなたの視点から、あなたに起こった出来事を書き留めよう。自分にとっての現実を書くことによって自分の言葉で語り、経過を追跡すれば、虐待者の長年にわたる行動を個別の出来事として片づけるのではなく、繰り返されるパターンを特定することができる。そうすれば、あなたは、ガスライティングする側の主張に屈することなく自分の経験に確信を得ることができ、侵害された権利に基づいて虐待者の真の性格や目的について結論を導き出すことができる。また、自信の回復に取り組む際に、自分を責めたり認知的不協和が起こったりするのを和らげる効果もある。たとえば、日記にはこんなことを書くといいかもしれない。

（例）今日、ジムが私の容姿をばかにして、ひどいことを言った。意地悪はやめてと何度も言ったのに。ジムがまた同じことをして、ひと言も謝らなかったせいで、自分がちっぽけだと感じ惨めな気持ちになった。私が言い返したら、「ただの冗談なのに、すぐに怒る」と言われた。でも、やめてほしいと私は何回もお願いしたのに、彼は毎回、私の願いを無視した。私を言葉で虐待しつづけ、私の気持ちを踏みにじった。私の気持ちなんて、彼にとってはどうでもいいみたいだ。

ラブボミング(愛の爆弾)、早すぎる親密さ、脱価値化というサイクル

ラブボミングは、カルトが信者を教育するために使う、他者を操るための技法である。それがナルシシストやそれに似たパーソナリティの人との関係で使われると、あなたはカルトの一員になってしまう。ラブボミングでは、恋人関係でも友人関係でも職場のパートナー関係でも、たいてい初期のころからターゲットに対して過度のお世辞、賞賛、絶え間ない関心と愛情を浴びせるが、それは被害者に早い段階でその関係に深くのめり込ませるためである。のめり込めばのめり込むほど、たとえマニピュレーターが本性をさらけ出しても、被害者が離れるのは難しくなる。

サバイバーのダニエルは「最初にデートしたとき、私はもう彼のことをずっと知っているような気がした。何時間もおしゃべりした。おたがいの関心が似ていて、趣味も近かった。デートを始めてしばらくすると、彼は私に、愛している、君は僕のソウルメイトだ、いつか結婚しよう、などとメッセージを送ってきた。なんだか急かされているように感じたけれど、そんなにまめで家庭向きのいい人を失いたくないと思った」と語った。

ラブボミングは、私たちの「見てほしい、聞いてほしい、気づいてほしい、認めてほしい、だいじにしてほしい」といういちばんの弱みと願望を狙い撃ちする。ナルシシストのパートナー

に依存するきっかけとなる、ゲートウェイドラッグのようなものである。ナルシシストがラブボミングを仕掛けるのは、私たちを生化学物質によって結びつかせて、個人情報を早い段階で開示させ、操りやすくするためだ。そして、この戦略はじつに効果的だ！　アーサー・アーロンと同僚の研究者たちは、見知らぬ２人がおたがいにどんどん個人的な質問をすることによって親密さを高める可能性があり、強い絆は「持続的で、エスカレートする、個人的な自己開示を、相互に」行うことによって生まれることを発見した（Aron et al. 1997）。

ナルシシストは、交際の初期段階でこうしたタイプの「早すぎる親密さ」を体験するのにかなりの時間をかける。しばしば身の上話のような個人的な事柄（でっち上げかもしれないし、ほんとうのことかもしれない）を打ち明けて、私たちが心の奥底にある願望を安心して打ち明けられるように仕向ける。私たちから情報を収集すると、その情報に基づいて私たちがパートナーに望む資質を備えた仮面をつくり上げ、一生に一度の結びつきを得たように思わせる。関係が始まるとすぐに結婚や子ども、共同生活について話題にし、そんな未来があるかのように思わせて、約束された未来というニンジンをぶら下げる。こうして私たちは実際には決して実現しないような未来に盲目的に入れあげてしまうのである。虚しい約束をする口先だけの男に、時間も、エネルギーも、お金もつぎ込むのだ。

ラブボミングは、喪失感やトラウマがまだ癒えきっていない人や、自分の人生に何らかの虚しさを抱えている人には、信じられないほどの威力を発揮する。医学博士のデール・アーチャーは「ラブボミングのターゲットは新しい恋でドーパミンがあふれ出し、健全な自己イメージをもっていたときより、はるかに強い影響を受ける。というのも、ラブボミングを仕掛ける人は、ターゲットが自分では満たせない欲求を満たしてくれるからだ」と説明する（Archer 2017）。

ひとたび被害者がすっかり夢中になったら、有害な人物は彼らを高みから突き落とす。これは「脱価値化」として知られる。その後、有害な人物は周期的に被害者を理想化してちやほやする態度を示し、被害者が2人の蜜月期間を取り戻すためにいっそう努力するように仕向ける。心理学者はこれを、被害者の反応を引き出すための正の報酬による「間欠強化」と呼ぶ（詳しくは後述）。被害者が自分から離れそうになると、虐待者は素敵な男性または素敵な女性の仮面をさっとかぶり、被害者が自分の認識を疑ったり虐待者の本性だと思ったことは気のせいかと思い直したりするように仕向ける。HSPは自分自身が非常に感情的であるため、プレデターが示す深い関心に共感してしまい、ラブボミングの犠牲者になりやすい。

ラブボミングを無力化するためのヒント

どんな関係でも、始まったばかりで大げさにお世辞を言われたら、相手に疑いの目を向けよう。まだ相手のことを知っていく途中であり、たとえ的を射ていたとしても、どんな賞賛も表面的なものだということを心に留めておこう。よく知らない人物にのめり込むのでなければ、社交辞令としてほめ言葉を受け取ってもよい。健全なパートナー関係は、熱狂的に示される不当な量の関心ではなく、一貫したレベルの敬意と信用に足る根拠を伴って時間をかけて築かれるものだ。だれかに夢中になっても簡単にふりまわされないように、あなた自身の自尊心や自己愛、自己肯定感を高めよう。

関係の進展を遅らせるようにして、デートの初期段階で身体的に親密になることは避け、相手があなたの境界線に対してどんな対応をするかを見きわめよう。あなたの境界線を尊重してくれるだろうか？　それとも、関係を〝早送り〟しようとして、あなたが望むよりも早く先に進むように強要したり脅迫したり、怒りをぶつけて支配したりしようとするだろうか？　これらは危険信号だ。一瞬のときめきよりも、時間をかけて築かれる真の絆を信じよう。だれかにラブボミングを仕掛けられたら、過剰にのめり込んだり、相手の関心のレベルに合わせたりして対応してはいけない。代わりに、彼らの空疎な言葉は、彼らが今後時間をかけて、自分の行動と一貫した態度で証明するべきことを表明したのだと考えよう。あなたは自分で自分にラブボミングして自己肯定感を高め、関係を深めるペースを緩めよう。自分の価値を自分で理解して、ほかの人からほめてもらう必要がないようにしよう。

書いてみよう

ラブボミングをくい止めよう

あなたにラブボミングをしたことのある、あるいは今している有害な人物のことを思い返そう。どうすれば関係の深まりを遅らせることができるだろうか。それが過去の関係なら、もう少し距離をとるために何ができただろうか。次のような選択肢が考えられる。ひっきりなしに届くメッセージには返信しない、平日は会うのをやめて少し休む、身体的に親密になるペースを落とす、など。

間欠強化

虐待のある人間関係において、間欠強化は、被害者が虐待者の承認を求めていっそう努力するように操る目的で使われる。心理学者のチャールズ・ファースターとB・F・スキナーは、動物は報酬が予測できない場合、あるいは「間欠強化」スケジュールで与えられる場合に、刺激に反応しやすくなる傾向があることを発見した（Ferster and Skinner1957）。たとえば、ラットはレバーを押せばいつも予測どおりに報酬が得られる条件下より、不規則に得られると学習したときのほうが、より熱心に、より執拗にレバーを押す。これと同じように、スロットマシーンでギャンブルをする人も、めったに得られない報酬を手にするために、負けるのも厭わず勝ちを期待してプレイを続ける。要するに、私たちは手に入りそうにないものや、あるいは以前のようにまた手に入れたいという、はかない望みに向かって、より懸命に努力するのである。本書の冒頭でも見てきたように、間欠強化は有害なパートナーと生化学物質を介して結びつく際にとりわけ強力に作用する。

ナルシシスト傾向の人は、この本能に気づいたうえで、自分のターゲットに対して間欠強化を利用する。被害者を虐待のサイクルに閉じ込めてしまってからも、被害者が気を緩めることのないように、愛情、関心、ラブボミング、そして蜜月期間を彷彿とさせる態度を投入する。こうすることで、被害者は害になる関係から抜け出す方法をブレインストーミングするどころか、ナルシシストから承認を得るためにもっと励みつづけるようになる。もし虐待者が一貫して意地の悪い態度を見せたとしたら、被害者には留まる理由がなくなっていただろう。

ところが、この間欠的な愛情表現は、臨床心理学者のジョー・カーバーが「ささやかなやさしさの知覚」と呼ぶものを育てる（Carver 2014）。被害者は、虐待の苦痛に耐えたあとでは、あらゆる種類の愛情のこもった言動をより誇張された形で認識するのである。虐待のない期間があることですら、被害者の目には愛情と映る。というのも、交戦地帯に暮らす者にとって、恐怖がないということはギフトとして認識されるからだ。飢えた人にとって小さなパンくずがひとかたまりのパンのように感じられるのと同じで、たまにあるやさしい態度は虐待者の寛大さを示す証拠に見え、それが虐待のサイクルに組み込まれた戦術ではなく、虐待者の性格の本質であると被害者は錯覚する。このため、被害者は虐待者がいつか変わってくれるのではないかと誤った希望をもってしまう。

テリーの妻のミシェルはひどく横暴だった。テリーに向かって物を投げつけるわ、怒鳴るわ、子どもを連れて出ていくと脅すのもしょっちゅうだった。テリーは帰宅するとまた妻が怒りをぶつけてくるのではないかと怖くなった。ミシェルの行動は気まぐれで予測できなかった。たいていは不機嫌か怒っているかだった。それでも、穏やかに見える日もあった。めったにないそうした日には、テリーに豪華な食事をつくり、愛情をこめてシャワーを手伝い、将来の計画について興奮気味に話した。テリーはそうした平穏な夜をゆっくり味わい、ミシェルとの絆をかみしめた。はじめて出会ったころのことが思い出された。彼女はとても魅力的で、明け方まで何時間でもおしゃべりして過ごしたものだ。

ところが不幸なことに、翌日にはもう何事もなかったかのように虐待行為が戻ってきてしまった。ミシェルが危険な行為に及んでも、テリーはまだ彼女に愛着を感じていた。自分たちは一生に一度しか得られないような絆で結ばれていると信じて疑わなかった。結局のところ、いいときはほんとうによかったし、悪いときはほんとうに悪かった。幸せな時間を手に入れるためには、苦痛な時間を受け入れるしかないのだと、テリーは理屈をつけていた。これは虐待者によくあるやり方で、ポジティブな行動で間欠強化を行い、トラウマで被害者を自分に結びつけて、虐待サイクルに留めるのである。

間欠強化に立ち向かうためのヒント

熱い態度と冷たい態度にサイクルがあることに気づいたら、一時停止して、そのやりとりから離れよう。ひとしきり害になる行動をした末に、ようやくよい行いを返すような人に積極的に反応して、このサイクルに燃料を投下してはいけない。もし知人のだれかの善行があなたにとって衝撃的であると同時にホッとするようなら、それは関係を深めてもいいという青信号ではなく、警告の赤信号だと考えよう。

一貫性のない行動を楽しむのではなく、あなたを尊重しない人から距離を置き、あなた自身の行動に一貫性をもたせよう。状況にもよるが、あなたはこの人物との関係を完全に断ち切ることもできるし、相手の人生からゆっくりとフェードアウトすることもできる。二度、三度、四度とあなたにチャンスをもらった虐待者は、もうそれ以上のチャンスを得るに値しない。再三再四、変わろうとする姿を見せられなかったのだ。たとえ変わるように見えたとしても、それはあなたの信頼を回復してあなたを利用するために、一時的に初期の姿に変身しているだけである。それにだまされてはいけない。サイクルを見れば、それが何かわかるはずだ。かならず有害な振り出しに戻る無限ループだ。だれかが熱くなったり冷たくなったりするなら、それはあなたが永久に冷徹な態度をとるときである。

書いてみよう

状況を落ち着かせよう

これまでにあなたの経験した熱い態度と冷たい態度のサイクルの例を書き出そう。その人が冷たくなったとき（たとえば、気づいてもらおうと思って何度も声をかけたのに、まったく返事をしてくれなかったなど）、あなたはどんな反応をしただろうか。今後はどんな反応をするだろうか（たとえば、その人に関わるのをやめて、あなたを大切にしてくれる人やあなたが大切にしていることを尊重してくれる人といっしょに過ごすなど）。

フーバリング

毒のある人が境界線や別れを受け入れる場合、関係が終わったあとも何度もあなたに連絡を試みて、境界線を突破できないか試しつづけることがある。彼らはフーバー社製の掃除機のように、あなたを関係のトラウマの渦に吸い込もうと手を伸ばしてくる。そのため、この戦術は「フーバリング」と呼ばれている。

毒のある人はフーバリングを仕掛けようと、ターゲットがすでに自分の人生を前向きに歩んでいるときに連絡してくる。たとえば、以前パートナーだった虐待者が、ある祝日にともに過ごした幸せな思い出を懐かしむようなメッセージを送ってきて、被害者を引き戻そうとする。ずっと沈黙作戦をしていた毒のある母親が、おとなになった娘に電話をかけてきて引き戻そうとする。どこにでもいるような良性タイプは、かつて遊んだ女性がよりを戻してくれないかと期待して連絡し、引き戻そうとする。フーバリングは、虐待者のメッセージを伝える第三者やソーシャルメディアのストーカー行為を通じて間接的に行われることもある。たとえば、ラブボミングするメッセージ、いかに自分が魔法のように変わったかという話（ほんとうは変わっていない）、脱価値化するメッセージや挑発的なメッセージ、でっちあげの緊急事態や病気、新しいパートナーを自慢するさらにサディスティックなメッセージなどが相手に伝わるようにする。

一般的な思い込みに反して、毒のある人が連絡をとる場合、相手に「愛している」とか「恋しい」と伝えてフーバリングするわけではない。研究者のジャスティン・モギルスキとリサ・ウェリングによれば、ナルシシズム、サイコパシー、マキャベリズムといったダークな人格特性をもつ人がかつての交際相手や配偶者と友人でいようとするのは、セックスや相手のリソースといった実益が目的であり、愛しているからでも恋しいからでもなく、自身の破壊的な行動について何らかの反省があるからでもない（Mogilski and Welling 2017）。そんなわけで、毒のある昔のパートナーから、オンラインだろうと実生活だろうと「友達リクエスト」が届いたら、用心しよう。彼らの目的は、あなたが思うほど純粋ではない可能性が高い。

認定心理学者のトニー・フェレッティは「ナルシシストは失敗したり失ったりすることを嫌

うため、本人が終わりにするという選択をしないかぎり、何らかのつながりを維持するために手を尽くす。（中略）ナルシシストがかつての交際相手や配偶者とのつながりをもちつづけるのは、彼らの貴重なリソースを利用するためである。また、彼らの弱みに関する内部情報をつかむのは、彼らに影響力を及ぼし支配して、意のままに操ったり搾取したりするためである」と指摘する（Tourjée 2016）。

ナルシシストは、被害者をたきつけるためなら平気でネット上に挑発的な投稿を公開する。ネット上では、フーバリングもストーカー行為も嫌がらせも、技術的に速く、より残忍に実行できる。昔は、毒のある人がフーバリングしようと思ったら、合図を送ったり手紙を書いたりしなければならなかった。ところが今や、フェイスブック、インスタグラム、X（旧ツイッター）、スナップチャット等を利用したり、アプリを使って多数の電話番号を作成したり、被害者の端末にスパイウェアをインストールすることさえある。

フーバリングを仕掛けられると、今回は違うかもしれないという期待が湧いて、自分の人生に対する主導権を回復しようとする心がくじけ、ナルシシストの有毒な罠から逃れられなくなる。ナルシシストは、あなたが食いつくような餌をまけば、つながりができ、またあなたとよりを戻すことができると計算しているのだ。

フーバリングを遮断するためのヒント

フーバリングを阻止するためには、相手の電話番号、電子メール、すべてのソーシャルメディアをブロックしよう。あなたへのスパイ行為に協力しそうな共通の友人とは、ネット上でも実生活でも関係を断とう。もちろん、ナルシシストはそれでも匿名アカウントやストーカー行為などのほかの手段を使って、あなたにフーバリングを仕掛けようとするかもしれない（その場合は、そうした試みを記録して、状況によっては警察に通報しよう）。

そうした事態に陥っても、フーバリングに屈してはいけない。何とかしてもう一度連絡をとろうとするのは、その有害な人物があなたを恋しく思っているからだ、という自動的な思い込みを修正しよう。むしろ「あの人は私を恋しく思ったりしない。恋しいのは、私を支配することだ」と、自分に言い聞かせよう。虐待や不当な扱いを受けてきたという現実を見失わないために、そうした出来事を書き出そう（この作業で気持ちが昂りそうだと感じたら、カウンセラーといっしょに取り組むのがいい）。こうすることで、夢想的な偽りの約束ではなく、あなたの置かれた現実とふたたびつながることができる。フーバリングされたら、こうして自分を支えることを習慣にしよう。

何らかの理由で返事をする必要のある場合は、被害が最小限になるようにしよう。たとえば、やりとりせざるをえない職場の同僚や、共同親権をもつ元配偶者には、事実のみを簡潔に伝えよう。相手の戦術に対してなるべく感情的に反応しないようにしよう。もし虐待をする父親から、「感謝祭の夕食に来るか」と試すようなことを聞かれたら、あまり詳細は説明せずに「行けない」と伝え、脅したり罪悪感を抱かせたりする試みに屈してはいけない。もし粘着質な元恋人が、新しい恋人に関する愛情いっぱいの投稿をしたり、どんなに幸せかというテキストメッセージを送ってきたりしたら、嫌がらせの証拠として必要になった場合に備えて記録したうえで、その番号やアカウントをブロックしよう。「ノー」は交渉や説得の誘いではないことを忘れてはいけない。フーバリングされても、また吸い込まれないようにしよう。ブロック、記録、削除！

書いてみよう　毒の渦に巻き込まれないために

あなたが毒のある人とつながっているプラットフォームやメディアは何だろうか。どうすればあなたへのアクセスを拒否してプライバシーを守り、フーバリングされる機会を減らせるだろうか。たとえば、共同親権をもって子育てしている場合は、「アワー・ファミリー・ウィザード（Our Family Wizard）」のようなサードパーティ製のアプリを使って連絡をとりあおう。そうすれば、裁判所へ提出できるようにやりとりが記録される。ソーシャルメディアに関しては、相手をブロックし、情報がもれて公開されることのないように、プライバシーの設定で公開範囲を制限しよう。ストーカー行為や嫌がらせに遭っているなら、法的措置をとる場合に備えて、可能なかぎりそれらの事例を記録しよう。

毒のある恥の意識

毒のある人はあなたを思いどおりに操れないと、あなたが異なる意見、好み、ニーズ、欲求をもつ自立した人間であるということに対して恐怖心や義務感、罪悪感を抱くように、侮辱するという不健全な手段に訴える。たえず侮辱されていれば、自尊心が下がる。男女を問わず自尊心の低い人は、他者の要求に応じやすく言いなりになりやすい傾向のあることが研究によって示されている（Walster 1965; Gudjonsson and Sigurdsson 2003）。したがって、毒のある人やナルシシストが、自分の欲望を満たせないからといってあなたを過度に侮辱したり批判したりすれば、あなたは慌てて彼らの要求を満たそうとする可能性がある。

侮辱にこうした影響力があるのは、幼少期の核心にある傷が掘り起こされ、トラウマ専門のセラピストのいう「内なる批評家」が呼び覚まされるからでもある（Walker 2013）。心理学者のジョン・ブラッドショウは著書『インナーチャイルド――本当のあなたを取り戻す方法』のなかで、健全な恥と中毒性の恥を区別している。健全な恥は、私たちに自分の限界を思い出させてくれるが、「中毒性の恥は、私たちに人間以上（完璧）になるか、人間未満になることを強いる」（Bradshaw 1990）。おとなになって毒のある人から侮辱されると、たとえそれが根拠のない中傷であっても、子ども時代の強烈な感情や信念がよみがえって、罪悪感を覚えてしまう。

ジャレドの弟のベンは、しょっちゅう兄からお金を借りようとした。ジャレドが「お金は貸せない」と言って線引きしようとするたびに、ベンは兄を侮辱した。「なんてケチなんだ。いつも自分のことにしか金を使わないよな」と、つい先週、かなりの額の支払いを援助してもらったばかりだったとしても、ジャレドが新しい靴や何かを自分に買うたびに言った。こんな批判をするのは、ジャレドが境界線を引くことに罪悪感を覚えるように操るためであり、実際には根拠のない言いがかりだった。

毒のある人は、相手に恥辱を与えるような言い方をする。問題があるのは自分のほうだと相手に思わせるためだが、現実には、毒のある人が他者を過度に批判したり一方的に決めつけたりするのは、本人の機能不全が原因だ。ＨＳＰは、他者の感情に敏感で、自分が相手をどんな気持ちにさせるかということに対して非常に意識的であるため、このような侮辱を内面化してしまう。他者からの不健全な侮辱や一方的な決めつけは、私たちに深い影響を与える。とりわけ、虐待のある家庭で育ち、自分の価値は他者に認められることであり、他者を喜ばせることにあると教えられてきた場合はそうだ。

恥辱を避けるためのヒント

毒のある人から侮辱されているときは、その侮辱を内面化することに注意深く抵抗しよう。その侮辱をスポンジのように吸収したい、という無意識に湧き起こる欲求のままにいったん吸い込み、代わりにその侮辱を、あなたを辱めている人に手渡しで返す姿をイメージしよう。心のなかで「これは私のものではない。あなたのものだ」と、自分に言い聞かせるといい。その人物に何とかして認めてもらいたい、相手の要求に応えたいという衝動に抗おう。感情のフラッシュバック（幼少期の傷や感情がよみがえること）があるなら、いつ起きているかを確認して、その傷を癒やすために心の問題と向き合う機会にしよう。

傷を癒やす過程では、自分自身に思いやりを示そう。臨床心理学者のタラ・ブラックは、そのために「ＲＡＩＮ」という、すばらしい瞑想を開発した（Brach 2020）。何が起きているかを認識する（Recognize）、人生をありのままに受容する（Allow）、穏やかな関心を向けて吟味する（Investigate）、そして育む（Nurture）。あなたの手を胸か頬にあてて、「私はあなたを愛している。あなたはあなたの身に起こった恐ろしい出来事を受けるいわれはなかった。あなたには最善のものがふさわしい。あなたがこんな目に遭うなんて、かわいそうだ。あなたには私がついている。私はあなたを受け入れる」などと、自分を肯定する言葉をかけよう。自分自身を認め、愛し、思いやれば、他者の有害な侮辱戦略とあなたとのあいだに健全な境界線を引くことができる。さらに、古傷のせいで何かと自分を責めてしまう自責の念という重荷が軽くなる。恥の意識を自分への思いやりに置き換えよう。

書いてみよう　インナーチャイルドに話しかける

子どものころ、はじめて恥ずかしいと思ったときのことを書こう。あまりに気持ちが昂りそうなら、この作業はカウンセラーとともに行うのがいい。思い出しながら、無邪気で無力な子どものあなたを思い浮かべよう。その子に愛情と思いやりを注ごう。必要なときはいつでも力になる、もう自分を恥ずかしく思わなくていいと、やさしく声に出して話しかけよう。あなたはこれまでに経験してきたような不当な扱いを受けるいわれはなかった、無実の、環境の犠牲者だと伝えよう。

投影

毒のある人は、自分自身の欠点や問題を他者へ移しかえる。これは「投影」と呼ばれる防衛機制である。侮辱戦略が侮辱する側の恥の意識と深く関わっているのと同じように、投影は、毒のある人が自分のネガティブな行動や特性を他者のせいにして、それらの責任から逃れようとする行為である。私たちのだれもが、ある程度の投影を行っているが、臨床専門家のリンダ・マルティネス＝レウィ博士によると、ナルシシストが行う投影はしばしば心理的虐待になるという。ナルシシストは悪性の投影を使って意図的に被害者に恐怖を与えるだけでなく、被害者を加害者に仕立ててあげる。マルティネス＝レウィ博士は「隠れナルシシストは火山の噴火するような怒り、侮辱、有無を言わせぬ批判といった、醜く幼稚な投影を絶え間なく続けて、配偶者に恐るべき悪夢のような環境をつくり出す。隠れナルシシストのパートナーは、心理的、感情的な包囲攻撃をたえず受けながら生きている」と書いている（Martinez-Lewi 2018）。

ナルシシストの歪んだ侮辱に満ちた歪んだ世界では、毎日が正反対だ。ナルシシストは、聡明な成功者を怠け者や精神薄弱者呼ばわりし、自分のことで頭がいっぱいのうぬぼれ屋だと非難する（ナルシシスト自身の自己中心性と自信過剰を考えれば、まったく皮肉な投影だ）。パートナーを言葉で虐待し、美しい成功者に向かって、「魅力がない」「つまらない」と言う。愛情にあふれ、思いやりがあって、他者に共感できる人に向かって「異常だ」と言う。誠実な人を裏切りと不倫で責めたてる。あなたに対して、やさしく美しく聡明で思いやりがあり社会的にも成功している真の姿とは真逆だと思い込ませるのだ。ナルシシストの悪性の投影はあなたとは無関係で、すべては本人のものである。よく聞いてほしい。実際、彼らがあなたのなかに見ているのは、鏡に映った自分のなかにあるのに気づいていないものなのである。

プリアンカの恋人のネイサンはソシオパスで、浮気をしたといって彼女を非難するが、自分のほうこそ彼女に隠れて数々の浮気をしていた。たびたび彼女のスマホをチェックしては、彼女がほかの男と通話している証拠を探し、何の知らせもなく突然彼女の自宅に現れては、行為に及んでいる彼女を見つけようとする。彼らの関係がとうとう終わりを迎えたのは、ネイサンが多数のオンラインデートのプロフィールをもっていて、5人の女性と無防備なセックスをしていたことがプリアンカにばれたからだった。

ジョージはナルシシストの上司にいつも「独創性がない」「創造性がない」となじられていた。ジョージが会議で何かを提案すると、きまって「もっと革新的な案を期待してた」と批判するくせに、あとでジョージのアイデアを盗んで自分のアイデアだと吹聴するのだった。最終的に、その上司はほかの多くの社員のアイデアを盗み、手柄を横取りしていたことが判明した。

ベスのルームメイトのチェルシーはお騒がせな人だった。些細なことでしょっちゅう議論をふっかけ、たびたび酔っぱらってけんか腰な態度で部屋に帰ってきた。ベスはルームメイトに、「こんなストレスのある生活にはもう耐えられない。部屋から出ていってほしい」と丁寧にお願いした。ところがチェルシーは、ベスのことを「まるでドラマのヒロイン気取りだ」と非難した。

投影をはねのけるためのヒント

毒のある人に投影をされたら、相手の言葉は実際には本人のことを言っているのだと見なして、その投影をはねつけよう。たとえば、ナルシシストの元配偶者があなたに向かって、「なんてひどい親なんだ」と言えば、それは本人のことであり、つまり相手こそがひどい親なのだということを理解しよう。あなたの毒のある友人が、あなたのことを「独身だから」と決めつけるような言い方をするなら、それは本人の人間関係の不幸をあなたに投影しているのだ。あなたはだれからの投影も受け入れる必要はない。それが何のための投影なのかを見抜き、侮辱についてあれこれ反芻しはじめたら、その侮辱を相手に手渡しで返す姿をイメージしよう。

ナルシシストの口から出る言葉を、頭のなかで翻訳しながら聞こう。とりわけ相手があなたに対して病的に嫉妬深い場合はそうするのがいい。でも、その翻訳をナルシシストに直接伝えてはいけない。そんなことをしたら、きっと逆上させてしまうだろう。自分のためのエクササイズだと考えよう。たとえば、ナルシシストに「お前はいつも大げさなんだよ！　言い方がきつくて、不愉快だ！」と言われたら、当の本人はほんの少し軽んじられたと感じただけで、怒りにまかせて激しくののしることを思い出そう。実際に大げさなのはだれか？　ほんとうに言い方がきつくて不愉快なのはだれか？　ナルシシストの言葉が真に意味することを、頭のなかで翻訳してもいい。たとえば、相手があなたの成功を過小評価するなら、こう翻訳できる。「私はあなたの成し遂げたことに嫉妬している。優越感が脅かされる。私が自信をもつためには、あなたに卑下させる必要がある」

ほかにも投影を克服するための方法をいくつか紹介する。

◇投影と相反する証拠を集めよう

親身になってくれる人たちの意見や感想を思い出そう。私たちの脳は、ポジティブなことよりネガティブなことに注目する傾向がある。というのも、周囲の脅威と戦って生き延びるために、危険を探知しようとする習性があるからだ。そして、ネガティブなことにより強く反応するため、結果的にネガティブなことからより深く影響を受ける。ロイ・バウマイスターと彼の共同研究者たちは「悪い感情、悪い親、悪いフィードバックは、よいものより影響が大きい。別の言い方をするなら、50ドル得をしてうれしい気持ちより、50ドル損をして取り乱す気持ちのほうが大きいということだ」と指摘する（Baumeister et al. 2001）。医学博士のアンドリュー・ニューバーグとマーク・ウォルドマン博士によれば、たったひと言のネガティブな言葉で、恐怖と不安の中枢である扁桃体の活動が活発になる可能性があるという（Newberg and Waldman 2013）。そのため、感情のバランスをとることが重要だ。あなたの「サバイバル脳」がナルシシストのネガティブな言葉を真実として捉えるため、あなたが考慮に入れていない反対の証拠がきっとかなり多くあるだろう。健全なフィードバックなど、ナルシシストの投影の反証になる事実を思い出して、記録しておこう。これはナルシシストのためではなく、あなたのためにすることである。

達成したこと、ほめられたことなど、ナルシシストの誤った、歪んだ認識を否定する事実を書き留めよう。あなたが誇りに思っているすべてのことについて、思い出を語って録音しよう。あなたの人生で喜びの瞬間を捉えた写真をボードに掲示しよう。もらってうれしかったメッセージやメール、ソーシャルメディアへのコメントのスクリーンショットなど、あなたの真の姿や能力を思い出させてくれる頼みの綱となるようなものを保存しよう。自信喪失を感じるたびに、これらを繰り返し眺めたり聞いたりしよう。ほめ言葉や達成感、ポジティブな経験を心のなかでかみしめれば、ナルシシストの卑劣な非難を全面的に拒絶することができるようになる。ナルシシストの病的な嫉妬の投影ではなく、ポジティブなフィードバックを思い返して、自分自身のコンディションを立て直そう。

◇潜在意識を鍛え直して、自分を認め、痛みを成功に変えよう

瞑想やポジティブ・アファメーション（肯定的承認）、催眠療法には、ナルシシストがあなたに思い込ませようとした、ネガティブな偽りのあなたの姿を作り直すのに驚くべき効果がある。感情の調節、不安への対処、自尊心に対してポジティブな影響を与えることが研究によって示されている（Lazar et al. 2011; Cascio et al. 2015; Jiang et al. 2017; Kaiser et al. 2018）。癒やしの技法についてては、本書の最終章で詳しく見ていく。ナルシシストがあなたのなかにある何を貶めたのかがわかれば、あなたは自分の人生や目標、夢の再構築に取り組み、ナルシシストが間違っていることを証明しようとする意欲につなげることができる。ひとたび自分で自分を認め、自分の経験した痛みをより多くの人々の利益と自分自身の幸福に向かう糧とすることが身につけば、ナルシシストの悪性の投影をうまく克服することができる。

ナルシシストとのやりとりが避けられない場で、投影に反応せざるを得ない状況では、簡潔に済ませよう。会話が熱を帯びる前に、穏やかに「それは実際、私よりあなたのことを言い得ていますね」などと言えばいい。ただ、ナルシシストが投影の内容をあなたより自分に関するものだと認めることはきっとないだろうと思っておこう。そんなことより、あなたは自分で自分を認め、何のための投影なのかを考えて、ナルシシストがあなたを自分の抱える問題のはけ口にしようとしていることを見抜くことに時間を使おう。

書いてみよう

毒のある投影を翻訳する

毒のある人から受けた侮辱を書き出そう。次にそれを翻訳して、ナルシシストがあなたに手渡そうとしている投影を書こう。そして、この翻訳作業を通して、実践できそうな行動や態度の変化を書こう。たとえば、

1. ナルシシストが言ったこと――「お前は自分のことで頭がいっぱいだな。なんてわがままなんだ！」
2. 翻訳――「僕は自分のことで頭がいっぱいで、わがままだ。自信に満ちた君の姿を見ていられないし、君が線引きするのも許せない。なぜって、僕の支配と影響力と関心が奪われるからだ。だから、そんなことをした君には罪悪感をもってほしい」
3. 行動の変化――ナルシシストは、私が罪悪感を抱いて境界線を引かないように、自信をもたないように仕向けている。そうとわかったら、ますますそうしたいと思う。

なるべく多くこの作業をしよう。そして、ナルシシストから受ける侮辱に対して、あなたの見方がどう変わるか、侮辱に隠された動機がどう明らかになるか、確かめよう。

過度な批判、粗探し、動くゴールポスト

他者を操ろうとするプレデターが私たちを支配するために使う手段の1つに「過度な批判」がある。過度な批判とは、私たちのやること、なすことのすべてについて、厳しくあげつらう

ことである。たとえば、私たちの外見、性格、ライフスタイル、業績、才能、労働倫理、選択などについて酷評することも含まれる。ナルシシストはこれをまったく公平なゲームだと考えているが、私たちが自分なりの好みや意見、世界の見方をもつ自立した人間として存在することに対して面目を失わせるのは、私たちが自滅するようにナルシシストが仕組んだ戦略である。臨床心理学者のサイモン・シェリーはCTVニュースのインタビューで、過度な批判はナルシシストの完璧主義の一形態であり、他者をむしばみ、破壊すると指摘した——「その批判は際限がない。あなたが彼らのそびえ立つ基準を満たすことができなければ、きっと辛辣な批判を浴びることだろう」（MacDonald and Sherry 2016）。

過度な批判は、ナルシシストが手を汚すことなく心の殺人を犯す武器である。そのくせ、ナルシシスト自身は自分が他者に課した高い基準をしばしば下まわっている。ナルシシストの過度に批判的なレンズを通して自分を見ることに無意識に慣らされると、私たちは揺るぎない自尊感情をもつことができず、自分の成果を喜ぶこともできない。彼らはこうして私たちの自己認識、自己評価、自己効力感の形成に悪影響を及ぼすのである。たとえば、娘の体重をつねに気にする自己愛の強い母親のせいで、娘は成人してから自傷行為や摂食障害に苦しむことになるかもしれない。過度な批判は自殺願望につながることすらある。発達段階の未熟な、傷つきやすい幼少期にそうした経験をした場合は、とりわけそうだ。

建設的な批判は（たいてい）相手を助けるためにされるが、破壊的な批判は相手の自意識を解体するために使われる。両者のもっとも大きな違いは、個人攻撃や実現不可能な基準があるかないかである。破壊的な批評家は、あなたが向上するのを手助けしたいわけではなく、ゲームを不正に操作して、あなたが失敗するように仕向けたいのだ。できるかぎりの方法で粗探しをし、足を引っ張り、あなたをスケープゴートにする言い訳を求める。

毒のある人は「動くゴールポスト」作戦を使って、あなたが彼らに何をするか、しないかに関係なく、あなたに対して際限なく不満を抱く理由が確実にある状態をつくる。たとえあなたが彼らの気ままな欲求を満たすためにあらゆる手を尽くし、あなたの見方が正しいことを裏づけるあらゆる根拠を提供し、彼らの要求に応えるためにあらゆる行動をとったあとでさえ、別の期待を示し、さらなる根拠を求め、別の目標を達成させようとする。このようにゴールポストはたえず移動し、何の脈絡もなく変わる場合さえある。あなたが相手からの承認を求めてもっと努力するように仕向けることだけが狙いなのである。

毒のある人は、期待を毎回どんどん高くしたり、突然変更したりすることによって、自分には価値がない、十分だと思えないという感覚をあなたに植えつける。ナルシシストは、無関係なことを蒸し返したり、あなたの犯した過ちに過度にこだわったりすることによって、あなたの強みや成果から目をそらし、でっち上げた欠点に目を向ける。あなたに対しては、あなたが自分のあらゆる弱みにとらわれ、満たすべき次の要求について気をもむように仕向け、最終的には、相手のあらゆるニーズに応えようと全力を尽くすにもかかわらず、結局、何も変わらなかったと気づかせる、というむごいやり方で虐待する。

動くゴールポストではなく、自己受容を目指すためのヒント

動くゴールポスト対策には、自分で自分を承認するのがよい。つまり、自分には価値があり、十分だと思っていい範疇にいると感じられる心を育て、あなたを過小評価しようとする相手に自分の能力を示す必要はないと理解するのだ。たえず能力を試されているように感じるなら、それはマニピュレーションの危険を知らせるサインだと捉えよう。粗探しのような批評や動くゴールポストに惑わされてはいけない。あなたが自分の主張の妥当性を裏づけ、相手を満足させるためにした努力を認めようとしない人がいたら、その人物には、あなたをもっと理解しようとか、改善方法をフィードバックしようという気などさらさらない。自分のほうが優位にあることを示して、あなたをさらに挑発することが目的なのだ。自分のことは自分で認めて、満足しよう。毒のある人には、「私はもうその期待には応えた。あなたにこれ以上、自分の能力を示そうとすることに興味はない」という意思表示をしよう。

ほかにもあなたにできることを紹介する。

- カウンセラーに相談して、ネガティブな思考回路を修正する。
- 催眠療法を補助的に利用して、新しく健全な信念を浸透させる。

・これまでの人生で聞いた、すべてのほめ言葉や思いやりのある言葉の一覧表をつくろう。とりわけ、毒のある人物から侮辱されたことに関連する言葉を加えるといい。これを見れば、誠実で健全な人たちからどれだけ支えられているか、実感できるだろう。そして、毒のある人があなたを侮辱するのは、あなたを押さえつけるというたった1つの目標のためだと思い出せる。動くゴールポストをやり過ごして、自分で自分を認めるためには、自分自身を奮い立たせる必要がある。

・疑問や不安を落ち着かせるために、毎日自分に言い聞かせるためのポジティブ・アファメーションのリストをつくろう。そして、スマートフォンやボイスレコーダーに録音しよう。ポジティブ・アファメーションを自分の声で聞いたり、自己啓発書の著者であるルイーズ・ヘイのアドバイスのように愛する人の声で聞いたりすれば、自己認識を修正し、ネガティブな心の声を抑制するのに強力な効果がある。また、ナルシシストの屈辱的な批判から生じた、内なる批評家の影響力を削ぐことにもなる。

あなたは、職場でも恋愛関係でも、「自分には欠点がある」「自分には価値がない」と、たえず感じていなければならない人ではない。動くゴールポストにふりまわされてはいけない。自分自身の価値に意識を向けよう。あなたはもう十分によくやっている。

書いてみよう

批判に対抗するためのアファメーション

つい批判を思い返してしまうたびに、自分に言い聞かせることのできるアファメーションをいくつか書き出そう。たとえば、毒のある人に外見についてあげつらわれたときのことが思い出されるなら、思い出すたびにその批判を「私は内面も外見も美しい」などのアファメーションと置き換えよう。こうすることで、時間とともにあなたの思考回路が修正されて、反芻する言葉ではなく肯定する言葉を信じられるようになる。

破壊的条件づけ

毒のある人は、あなたの長所や才能、幸せな思い出に対して、虐待、苛立ち、軽視という形で反応する。私はそれを「破壊的条件づけ」と呼んでいるが、あなたのもっとも幸せな思い出、興味、情熱、夢などを、残忍で無情な罰と関連づけるのである。これは心理学者が「正の弱化」と呼ぶものの一形態で、あなたの目標に向けた行動を妨げるために、嫌悪刺激を加えることを指す。あなたは何かを達成するたびに繰り返し罰を与えられるせいで、「負の強化」の行動パターンを学習しはじめる。つまり、激しく反発するナルシシストから安心感や安堵感を得るために、罰と結びつくように条件づけされた本来の目標達成を回避するようになる。パブロフの犬のように、かつては人生に幸せと充実感をもたらしてくれたことに取り組むのを怖がるように、時間をかけて調教されるのだ。そのあいだ、友人や家族から孤立させられ、感情面でも金銭面でも、その毒のある人物に依存するように仕向けられる。

蜜月期間が過ぎると、ナルシシストはかつて理想化していた資質や特性を、いつの間にか過度に貶めるようになる。自分が祭り上げた高みからあなたを蹴落とし、過小評価する。休日や長期休暇、誕生日、記念日、特別な行事をめちゃくちゃにする。

ナルシシストは、子どもの誕生やビジネスの成功など、歓喜に沸き立つような瞬間に水を差し、気分をだいなしにすることで、私たちに破壊的条件づけをする。これは、研究者のいう関係の「資本化」、つまり経験や達成の高揚感を表現することによって、そうした経験がいっそう価値あるものに感じられるような関係を築くことを妨げる（Reis et al. 2010）。胸躍るニュースを共有するたびにパートナーから罰を受けたり過小評価されたりするのでは、本来ならお祝いするべき喜びがしぼんでしまう。人生のあらゆる重要な局面や業績よりも自分に関心を引き戻そうとする行為は、「つねに注目の的でありたい」というナルシシストの病的な欲求を示している。それでは、サバイバーたちが人生でもっとも幸せなはずの瞬間に実際に経験したことをいくつか見ていこう。

ブルック「父は私の人生におけるすべてのお祝いを邪魔して、自分のためのお祝いにしてきた。高校や大学、大学院の卒業式も、私のベビーシャワーも、私の子どもの祝福式も」

アマンダ「母は祝日のたびに、理由をつくっては私たちに怒りをぶつける。まるで私たちが祝日に母をひとりにする、ひどい子どもみたいに。そのくせ、母は、私の高校の卒業式に来なかった。私のベビーシャワーも俗悪だというので、何とか来てもらおうと懇願するのが大変だった。私たち姉妹のそれぞれの結婚式ではものすごいかんしゃくを起こして、式の途中で帰ると言って脅した。まだほかにもたくさんある。私たちは幸せになることも、幸せな瞬間をもつことも許されない」

ミーガン「私が婚約したとき、私の継母は2カラットのダイヤモンドの指輪を買いに行った。私が婚約指輪をもらって浮かれているし、みんなが私に注目していたからだという。継母に『いつかハンターグリーンのジープのグランドチェロキーに乗るのが夢だ』と言ったことがある。すると、その1週間後に、彼女は私の夢の車を購入した」

レイチェル「どの祝日も大切な日も、夫のかんしゃくか不快な発言でとんでもない有様だった。1つ残らず。母の日にはひどい悪口を言われ、クリスマスには夫宛ての包みを誤って開けてしまったせいでプレゼントを投げつけられ、明かりのない夜の急な崖を歩いてビーチまで下りるのが嫌だという理由で、散々悪態をつかれた。でも、それは始まりにすぎなかった」

ナルシシストは、あなたの人生に対する自分の支配を脅かすものなら何でも破壊しようと目を光らせている。病的に嫉妬深く、2人のあいだに何ものも入り込んでほしくない、あなたに対する自分の影響力を何ものにも邪魔されたくない、と思っている。それでも結局のところ、あなたがナルシシストではないほかのだれかから、承認も尊重も愛情も得られることに気づいたら、あなたを引き留めるものはなくなってしまう。だからこそ、悪性の毒のある人にとって、ちょっとした条件づけによって、あなたが自重し、大きな夢を達成できないようにすることが非常に重要なのである。

破壊的条件づけは、私たちに学習性無力感を植えつける。そのため、自分の人生が順調なときはいつだって毒のある親やパートナー、きょうだい、友人、同僚、上司などが近づいて、それを奪おうとするのではないかという恐怖感に包まれて苦しむことになる。また、破壊的条件づけによって、私たちは喜びの源すべてを矮小化され、根本から損なわれ、ときに不当な理由ですっかり奪われるように感じる。

破壊的条件づけに反応しなくなるためのヒント

破壊的条件づけに反応しなくなるためには、ナルシシストの罰を受けることなく、目標に向けた行動を繰り返し行うことによって、達成への恐怖に立ち向かえるようになる必要がある。自己愛の強い虐待者によって汚された過去の成功、成果、幸せな瞬間など、あらゆる喜びの源泉を並べたリストをつくろう。虐待者があなたをどのように妨害したか、あなたはどう感じたか、その妨害の余波について、書き留めよう。そして、ナルシシストから自立し、喜びの源泉とふたたびつながるための方法をブレインストーミングしよう。いくつか例を挙げる。

- あなたの夢のキャリアについて、いつもけなす自己愛の強い友人がいるとしたら、それでもその目標を追いかける方法を考えよう
- あなたの誕生日のお祝いをいつもぶち壊しにする毒のある親がいるとしたら、特別な日には励ましてくれる友人や親戚だけを招いて参加してもらうのを恒例にしよう
- もうすぐやってくるうれしいイベントや最近の成功について、自己愛の強い人に伝えるのは控えよう
- 毒のある人を含まない特別な席や集まりを設けて、たびたび自分の成果をたたえよう

条件づけをやり直して、ナルシシストによって貶められた情熱、趣味、関心、目標、成果を健全な自尊心や高揚感と結びつけよう。あなたは自分の成し遂げたことに対して、あらゆる喜びを感じる権利がある。正真正銘あなたのものを病的な嫉妬に盗ませてはいけない。

書いてみよう

成果をたたえよう

あなたが誇りに思うものを3つ書き出そう。次に挙げる領域について、それぞれ3つずつメモしてみよう。

- 仕事・学業
- 社会生活
- 自己啓発
- 子育てなど、人間関係における責任
- 身体の健康
- 心の健康

それぞれの成果の横に、どのようにそれを祝ったかを書こう。また、今お祝いをして自分をねぎらう方法をブレインストーミングし、少なくとも1つ書き出そう。

中傷キャンペーン

隠れプレデターは虚偽の情報を広めて、あなたの評判を傷つけ、信用を落とす。「中傷キャンペーン」は、あなたを妨害するための先制攻撃であり、あなたが有害な人物との関係を断ち切って離れようと決心することのないように、支えになる協力的な人間関係を失わせる目的で行われる。陰であなたのうわさ話をし、自分の周囲やあなたの身近な人にあなたの悪口を言う。ほんとうは被害者であるあなたを虐待者のように思わせる作り話をし、あなたから非難されるのを恐れている自分の行為と同じ行為をあなたがしたと主張する。見えすいたうそやうわさ話を平気でして、あなたの正気や性格を疑わせるような実体のない懸念をほのめかす。そのために偽りの根拠をでっち上げることさえある。また、虐待に対するあなたの感情的な反応をあなたの不安定さを示す証拠として利用できるように、意図的にさりげなくあなたを挑発する。

これは、あなたが虐待されているとはだれも思わないようにするために、世間の目に映るあなたのイメージをコントロールすることを目的としたガスライティングの一種だ。毒のある人は、あなたの自己認識をコントロールできない場合、こんどは他者のあなたを見る目をコントロールしはじめる。自分が受難者や被害者を演じる一方で、あなたには虐待者のレッテルを貼るのである。虐待者は自分の言動に対する責任を逃れるために、時間をかけすぎるほどかけてあなたを虐待者に仕立てあげようとする。あなたや、あなたが真実を打ち明けるかもしれないと思われる人たちに、ストーカー行為などの嫌がらせまでする。もし打ち明けても、虐待者が自身の虐待行為をあなたに投影している場合は、かえって相手の虐待行為を隠蔽する働きをしてしまう。中傷キャンペーンによって、2人、あるいは2つのグループをたがいに対立させることもできる。虐待関係の被害者は、関係の続いているあいだ、自分が世間で何を言われているか知らないことが多いが、最終的には虚偽は暴かれる。

中傷キャンペーンは、恋人関係、職場、友人のグループ内、親族内、メディアを通して行われることもある。病的に嫉妬深いソシオパスの同僚が、出世の階段を上る過程で、勤勉な仕事仲間を脅威とみなして排除するために、相手の上司に誤った情報を吹き込むのはめずらしいことではない。ナルシシストが権威や権力をもつ上層部の一員になったら、ライバルと目する人々を妨害して、さらなる破壊を引き起こす可能性がある。FBIの元プロファイラーであるジョー・ナヴァロは著書『FBIプロファイラーが教える「危ない人」の見分け方』のなかで、「自己愛は、大きな権力をもつ職業や信頼の高い職業では高水準に達する可能性があり、逸脱行為や職権乱用が悲劇的な結果をもたらす場合がある」（Navarro 2017）と書いている。権力を握れば握るほど、被害者に浴びせる中傷キャンペーンは破壊的に作用しかねない。しかも、そのダメージは長期にわたって続く。

中傷キャンペーンに巻き込まれたときのヒント

何らかの中傷キャンペーンや悪口にさらされているなら、真実を貫きとおして、それがあなたの誠実さや人柄を物語ってくれるようにしよう。不当な非難を受けることがあれば、事実のみを示そう。最善の仕返しは、あなたが自分の人生を生きることであり、信頼に足る人々と社会的なつながりを再構築することであり、成功へ向かって前進することである。ナルシシストに手を貸した人のことは忘れよう。彼らは自分の過ちに自分で気づけばいい。彼らに納得させることはあなたの仕事ではない。真の友人がだれかを知ることができて、ありがたいと考えよう。

それと同じくらい難しいことだが、公衆の面前で感情的に取り乱さないようにしよう。ナルシシストはあなたの感情的な反応をあなたにとって不利になるよう悪用し、「頭がおかしい」ことを示す根拠にすることさえある。中傷キャンペーンに対してどのような法的措置をとれるかに意識を集中しよう。訴訟を起こす必要のある場合に備えて、可能なかぎり虐待の証拠を詳細に記録しよう。名誉棄損に関する法律を調べて、必要であれば、対立を好む攻撃的なパーソナリティ（ＨＣＰ）に精通した弁護士に助けを求めよう。

困難に直面したときに励ましてもらえる、健全なサポートネットワークを築こう。トラウマに詳しいセラピストなど、パーソナリティ障害やあなたの経験したことを理解してくれる人が含まれていれば理想的だ。このサポートネットワークは、毒のある人に味方したり、味方しそうな人ではなく、あなたを支えてくれることが確かな、信頼できる人で構成する必要がある。中傷キャンペーンに耐えているあいだ、もっとも避けなければならないのは、ガスライティングされ、訴えを認めてもらえず、2次的にトラウマを負うことである。

「何とかしてナルシシストの正体を世間に暴くことに価値はあるのか」と、読者から質問されることがある。一般的に、独力でサイコパスに打撃を与えようとするのは危険な努力である。何よりもあなた自身の安全を最優先にし、弁護士やメンタルヘルスの専門家に相談して、あなたの事例についてじっくり話し合うことを強くお勧めする。だれかを公に暴露することには危険の伴うおそれがあり、たとえあなたの言ったことがすべて真実であっても、悪性の毒のある人はあなたを名誉毀損で訴えて報復する可能性が高い。もう一度言うが、こうしたタイプは魅力的で、社会の支持を得やすい傾向がある。ありふれた毒のある人が暴露を恐れ、暴露される可能性があるというだけで手を引くのとは対照的に、サイコパスは驚くほど冷徹で、暴露を試みる人がだれであろうと抹殺しようとする人までいる。プレデターの本性は、プレデターが自分の支持者にまで攻撃の矛先を向けたときにいずれ明らかになる。したがって、証拠や身の安全を確保したうえで、強い動機がないかぎり、加害者を暴露することにエネルギーを費やして煩わされる必要はない。ともかく、まずは告発することのメリットとデメリットをかならず比較検討しよう。

報復や身の危険のリスクが、加害者を暴露する必要性をはるかに上回ると考える人もいれば、暴露することによって、ほかの被害者が餌食になるのを防ぎ、さらには同じプレデターによる過去の被害者が団結してともに名乗りでる力になると考える人もいる。すべてはあなたの状況しだいだが、どんな場合でも、あなたの身の安全がつねに何より優先されるべきである。そして何をおいても、あなた自身の評判を回復し、心の傷を癒やし、社会的な支援を受け、あなた自身の個人的な目標を達成することにあらためて関心を向けよう。

書いてみよう

友達、それとも敵？

あなたを支える人間関係について考えよう。そのなかにはどんな人がいるだろうか。中傷キャンペーンに巻き込まれているあいだ、あなたと距離を置いたり見捨てたりした人を特定しよう。彼らは本性を現したのだ。では、味方になってくれた人もメモしよう。彼らは真の友人だ。もしサポートネットワークがすっかり消滅してしまったら、新しく作り直すためにだれがいるか、探しはじめよう。対面で活動する支援グループや、ソーシャルネットワークサービス（Meetup.comなど）、地域のDV支援センターについても調べよう。

トライアンギュレーション

やりとりや人間関係の構図に、第三者の脅威となる意見や視点、存在をもち込むのは、「トライアンギュレーション（三角測量、方法論的複眼）」の一種である。毒のある人の虐待を有効にし、虐待に対する被害者の反応を無効にするためにしばしば用いられる。妨害やいじめの目的で、ありとあらゆる状況で行われている。

- 愛情に三角関係をもたらし、心をかき乱して不安にさせる。
- 自己愛の強い親がトライアンギュレーションを用いて、2人のきょうだいをたがいに競わせる。きょうだいを不当に比較して、張り合わせる。
- 社会集団のリーダーがソシオパスで、それぞれがたがいのうわさ話をしていると言って友人同士を対立させる。だが、実際に偽の情報を流して各メンバーをコントロールしているのはリーダー自身である。
- 毒のある人が職場でトライアンギュレーションを仕掛け、同僚の当然の昇進を阻むために、上司に誤った情報を流す。

トライアンギュレーションが恋愛関係にもち込まれると、支配が維持されるだけでなく、嫉妬心が刺激される。悪性の毒のあるタイプは、大切な人を、赤の他人や同僚、元パートナー、友人、果ては家族と三角関係にして、不安にさせるのが大好きだ。また、自分の見解の正当性を証明するために他者の意見を援用し、あなたが受けている虐待についてあなたにガスライティングを仕掛けてだます。

自己愛の強い人がトライアンギュレーションを利用してハーレムを築くのは、それが現実かどうかに関係なく、自分自身を多くの選択肢をもつ非常に人気のある人物であるかのように見せるためである。ロバート・グリーンは著書『成功者たちの誘惑術――9つのキャラクターと24のプロセス』のなかで、口説くためには、友人や元恋人と「三角関係」をつくり、求婚者の存在をちらつかせてライバル関係をあおり、自分の価値を高めるのがいいと勧めている。これにより競争意識が生まれ、ターゲットはこの〝非常に望ましい人物〟の関心と愛情を勝ち取ることに執着するようになる。グリーンは、「避けられ無視されている人に惹かれる人など、めったにいない。すでに多くの関心を得ている人のまわりにみんな集まる。犠牲者を引き寄せ、あなたに対する所有欲をかき立てたいなら、望ましい雰囲気を醸し出す必要がある。つまり、多くの人から求められ、求愛されるようなオーラが必要なのだ」と書いている（Greene 2004）。

ナルシシストは、元恋人や元パートナー、かつてデートした相手、自分に執着しているように見える相手（そう、みんなナルシシストによって恐怖で支配されていたということを、あなたはのちに知るのだが）をたえず話題にすることによって、愛の三角関係をつくる。度が過ぎたトライアンギュレーションは、将来的に感情操作へつながる初期の兆候であり伏線の可能性がある。たとえば、相手がはじめてのデートで過去の複数のパートナーや自分が魅力を感じている人、自分に魅力を感じてくれている人について長々と話したり、周囲の人と過度に馴れなれしくふるまったりするなら、重大な警告であり露骨な軽蔑のサインだと考えよう。

トライアンギュレーションは、あなたの注意を虐待行為からそらし、その人物が望ましいという誤った印象へ注目させるための戦略である。ハーレムは、ナルシシストの人柄を社会的に証明する役割を果たす。この人物とのあいだに問題を抱えているのが自分だけなら、問題はきっと自分にあるのだと思うことだろう。しかし現実には、「王様は裸だ」という事実を無視することにみんなが同意しているというだけのことだ。

マニピュレーターはトライアンギュレーションを利用して、中傷キャンペーンやガスライティング、自己愛の充足を得ることに限らず、多くのことを成し遂げる。そして、あなたは自分に疑いをもちはじめる――「私の頭がどれほどおかしいか、ダニカまでジャスティンと同じ意見なら、きっと私のほうが間違ってるってことだよね？」。ナルシシストはほかの人があなたについて話しているといううわさ話やうそを喜んであなたに報告するが、実際にそうした虚偽を広めている張本人はナルシシストである。

トライアンギュレーションとがっぷり四つに組むためのヒント

トライアンギュレーションの戦略に対抗するためには、ナルシシストが三角関係を結んでいる相手がだれであれ、あなたとナルシシストとの関係のせいで三角関係に巻き込まれているのだということを理解しよう。そもそも、みんなが1人のナルシシストにもてあそばれているのだ。ナルシシストに認められよう、関心を独り占めしようと張り合ったり努力したりする必要はない。自分で自分を認める方法を模索し、自尊心の回復に励むのはもちろん、ナルシシストの影響下にない第三者の協力を得て、逆にナルシシストをトライアンギュレーションに落とし込もう。

自分に愛情をもち、かけがえのない存在として育むことは、不必要な比較やネガティブな心の声から自分を守るために大いに役立つ。あなたのユニークなところや愛すべきところを評価しよう。みんなはあなたの何に最初に目を留めるだろうか。自分自身をあらたな目で見つめたり、あなたの長所を敬愛し大切にしてくれる他者の目を通して見つめたりできるようになろう。自分をほかの人と比較するのは、最小限にしよう。

あなた自身が三角関係から完全に離脱することによって、その関係を切り崩そう。健全なパートナーなら、「大切にされている」「安心だ」とあなたが感じられるように尽力してくれるはずだ。それに対して、不健全なパートナーはあなたをハーレムの一部と位置づけ、不安をかきたてる。ほんとうにあなたにふさわしいパートナーなら、競争して勝ち取る必要などない。競争から全面的に手を引いて、比較を避け、あなたの存在のかけがえのなさを大切にしよう。

書いてみよう　自分らしさ

あなたの自分らしさを形づくっている、かけがえのない資質や長所を10個、書き出そう。あなたとあなたの人生について、はじめて出会った人が目を留めるであろう特別な点は何だろうか。はじめて出会った人が、あなたの真価を見定めようとする目で見つめてみよう。

先制的自衛と病的な虚言

羊の皮をかぶったオオカミは、「美徳シグナリング」をすることで悪名高い。美徳シグナリングとは、自分の印象をよくし、他者に自分の倫理観や人格を信頼させるような感想を公に表明することである。いい人、素敵な人と思われるような事実を強調したり、すぐにでも信じるに足る人間だと主張したり、まったく水を向けられてもいないのに力を込めて信用を説いたりする人がいたら、その人柄には細心の注意を払う必要があるというサインだと考えよう。世界的に知られた危機管理の専門家で『暴力を知らせる直感の力――悲劇を回避する15の知恵』の著者であるギャヴィン・ディー・ベッカーによれば、これは「一方的な約束」の一種で、プレデターが相手の警戒心を緩めて食い物にする手口である（Becker 2010）。

虐待する人は、自分がどれほどやさしくなれるか、誠実でいられるか、思いやりがあるかを誇張する。彼らは、まず情に訴えて信頼関係の地盤を固め、あなたにうそをつくことは決してないと主張する。この種の先制的自衛は、今後あなたが最終的に疑いをもたざるをえなくなった場合に備えて、自分を守ることが目的である。付き合いはじめのころは同情や共感を巧妙に演じてあなたをだますが、やがて化けの皮がはがれ、残忍な意図が顔を出す。虐待サイクルの脱価値化の段階で仮面が定期的にずり落ちることにあなたが気づいたら、恐ろしく打算的で軽蔑に値する真の姿が明らかになる。

ほんとうに素敵な人や誠実な人は、自分の長所をことさら誇らしく言うことなどめったにない。彼らの心の温かさや裏表のなさは、それについて語らなくても、にじみ出る。彼らは、時が経つにつれて、言葉より行動のほうが雄弁になることを知っている。そして、信頼や尊敬は双方向のものであり、反復ではなく相互関係のうえに成り立つものであることを知っている。

ナルシシストやソシオパス、サイコパスは、生まれながらにして病的なうそつきだ。ジョージ・サイモン博士は「他者を操ろうとする悪性のナルシシストは、つねに相手より一歩先んじた状況を維持するためにうそをつく。（中略）彼らはあなたに真の姿も真の企みも見せようとしない。ただ、力、優位、支配だけを求める。そして、それらを可能にするのが虚言である。彼らはうそをつくことによって、優位な立場を手に入れる」と主張する（Simon 2018）。

明らかにうそが語られる場合もあれば、情報を大幅に省略して印象を操作するという形で語られる場合もある。自己愛性虐待のサバイバーであるドナは、「隠れナルシシストが私を虐待したときの、いちばん卑劣な手口は話を曖昧にすることでした！　決してすべての事実を明かしはしないけれど、完全なうそとも言えない。でも、話に何かが欠けていると感じていました」と、私に語る。このような病的な欺瞞は、ビジネスの世界ではソシオパスのリーダーによく見られる。たとえばエリザベス・ホームズは、血液検査のスタートアップ企業セラノスを創業してＣＥＯとなり、投資家から数十億ドルをだまし取ったが、その技術はまったくの期待外れだった。彼女はそのカリスマ性を利用して、世界でもっとも裕福で影響力のある人たちと関係を深めることに成功し、一部の投資家は他者の健康を危険にさらす会社に何百万ドルも出資するようになった。彼女は自分を抜きんでた人物に見せるために、声色まで変えてわざと低い声で話したという。数々のうそと偽りの仮面の力で、長く詐欺の告発を免れていた。

ナルシシストがこうした手の込んだうそをつくのは、金銭がらみだけでなく、愛情が目的の場合もある。二重生活を送ったり複数の浮気を隠したりするためにもよく使われる。

先制的自衛と病的な虚言に対処するためのヒント

先制的自衛には用心しよう。決してあなたにうそはつかないと早くから宣言する人がいたら、相手はなぜそんなことを言う必要があるのかと自問しよう。その言葉を真に受けるのではなく、相手が自分の長所を強調する理由を見きわめよう。あなたに信用されていないと思っているからだろうか。それとも、信用するべきではないと知っているからだろうか。空疎な言葉より行動パターンを信じて、言葉が人を表すのではなく、行動がその人となりを表すのだということを理解しよう。

時間をかけて相手の性格の一貫性を見きわめるまでは、だれであろうと妄信してはいけない。恋愛関係であろうと、ビジネスであろうと、どんな人間関係においてもはじめは中立を保とう。そうすれば、矛盾や危険信号に気づくことができる。重要な細部を省略して、真実のごく一部だけを〝点滴注射〟する人には警戒しよう。もしあなたがガスライティングの被害に遭いやすいなら、日記をつけて、新しいパートナーや友人、雇用主に出会ったあとで加わった情報を追跡しよう。そうすれば、自分の直感や内なる導きにしっかりと根ざした状態でいられる。

記録を続けよう。うそだと思われる話を聞かされたり、相手の話に疑念を抱く根拠を見つけたりしたら、すべてをこっそり記録しよう。また、病的なうそつきと対峙した場合は、補足の質問を差しはさみながら、まずは相手に自分なりの視点で出来事を話してもらい、相手が真実を話すかどうか、何を隠しているか、見きわめよう。
念のために言うと、羊の皮に隠れたオオカミは、だれにも見られていないと思えば、あっさりと正体を現すものだ。相手が暴力的で攻撃的なら、正体がばれるような矛盾の証拠となる情報をあなたが持っていることを知られないようにしよう。代わりに、なるべく早く安全に関係を切れるように計画を練って、距離を置こう。なりゆきで非難するのではなく、観察者の姿勢でいれば、うその証拠を握られていると知らなくても進んで誠実な態度をとるかどうかなど、相手の性格についてより多くの情報を得ることができる。あなたには、この人物の真の姿と演じている姿とのギャップを埋める責任はない。

書いてみよう 言葉、行動、パターン

毒のある人の言葉と行動とパターンに注目しよう。彼らがあなたにした約束を書き出そう。それらの言葉と矛盾していた行動を書き出そう。言葉と行動が矛盾して見える約束について、あなたの気づいたこの人物の総体的な傾向を書き留めよう。次の例のように、結論を加えてもいい。

言葉——彼は私にぜったいうそはつかないと言った

行動――彼には秘密の彼女がいた
パターン――魅力と欺瞞で私を盲目にした、病的な虚言の積み重ね
結論――彼は先手を打って自分が信頼に足ることを証明しようとする病的なうそつきだ。信用ならないし、私の人生に必要ない。

意味のない議論と論点のすり替え

悪性のナルシシストは、話をそらすためのあらゆる手管を駆使して、あなたの精神のバランスを崩し、騒ぎを起こすように仕向ける。次に例を挙げる。

◇個人攻撃と人格攻撃

ナルシシストは、あなたの主張や見解に論理的に反論できなくなると、代わりにあなたの人格を攻撃する。あなたが同意しなかったり、何らかの形で異議を唱えたりすると、循環論法や侮辱、投影、ガスライティングを使って混乱させ、追及をかわそうとする。これにより、あなたの信用を傷つけ、混乱させ、苛立たせ、あなたの意識を主要な問題からそらし、あなたが異なる考えや感情をもつことに恥の意識をもつようにする。

悪性のナルシシストと10分も議論すれば、「そもそもどうして議論になったのだろう」と自問する自分に気づくことだろう。「空は赤い」というおかしな主張にただ同意しなかっただけなのに、いつの間にか子ども時代のことや家族、友人、倫理観、キャリア、生活スタイルの選択まで非難されている。それは、あなたが同意しなかったことによって、自分は全知全能だというナルシシストの誤った信念にけちがつき、その結果、過度に膨らんだ自意識と壮大な優越感が脅かされたからである。そして、あなたの反応に対応するのではなく、あなたという人間に対して個人攻撃を仕掛けるのだ。

◇個人攻撃に立ち向かうには

最良の対処法は、当然のことながら、反応しないことだが、何らかの理由でナルシシストの攻撃に対応せざるを得ない場合は、論点のすり替えに屈してはいけない。事実を繰り返し述べて、相手の個人攻撃は目の前の話題と関連がないことを知らしめよう。可能であれば、そこで会話を終えるのがよい。大のおとなにまともな人間になるための教育をまるごと授ける義務はない。念のために言うが、毒のある人はあなたと議論したりしない。議論の相手は本質的に自分自身であり、その長く自己陶酔的で消耗させられる独白にあなたは聴衆として耳を傾けるだけだ。彼らはドラマなしでは生きられず、みずから作り出した混乱のために生きている。あなたは彼らの不条理な主張に反論しようと試みるたびに、彼らの自己愛を充足させることになる。

彼らに与えてはいけない。代わりに、「問題は彼らの虐待行為であり、あなたではない」と再確認しよう。やりとりがエスカレートしそうだと思ったら、すぐに切りあげて、セルフケアや自分を守ることにエネルギーを注ごう。

◦悪口

ご存じのように、ナルシシストは自分の優位性を脅かすものに気づいたら、それが何であれ大げさに騒ぎ立てる。彼らにとっては正しいのは自分だけであり、だれかがあえて反論すれば傷ついて自己愛ゆえに怒りを抱く。これは、医学博士のマーク・ゴールストンが主張するように、自尊心の低さからではなく、特権意識と誤った優越感から生じる。彼は「あなたが思いきって異議を唱え、間違っていると言い、ばつの悪い思いをさせたナルシシストの怨念や屈辱ほど恐ろしいものはない。あなたがハンマーなら、世界は釘のように見えるということわざがある。あなたがナルシシストなら、世界はあなたをほめたたえ、崇拝し、賛同し、従うべきものに見える。それ以下のものは攻撃のように感じられ、そのためナルシシストは激怒し反撃することに正当性を感じるのだ」という（Goulston 2012）。

ナルシシストは、あなたの意見を操作したりあなたの感情を細かくコントロールしたりするよい手立てが思いつかなければ、「悪口」という下の下の手段に出る。あなたに破壊的なレッテルを貼って貶め、過小評価する権利があると感じる。悪口は、あなたの知性や外見、行動を貶めるとともに、あなたが自分なりの視点をもった独立した人間である権利を認めない、手軽で安易な方法だ。

悪口は、あなたの信念や意見、洞察を批判するために使われることもある。あなたの人生経験から得た知恵も、しっかりとした研究に裏打ちされたものの見方も、正しい知識に基づいた意見も、それによって脅かされると感じ説得力のある丁寧な反論のできない悪性のナルシシストの手にかかれば、「ばかで愚か」ということになる。ナルシシストは自分の愚かさを隠すためにあなたの知性を侮辱する。あなたの主張ではなく、あなたという人間を標的にして、あらゆる方法であなたの信用と知性を傷つけようとするのである。

◇悪口への対処法

悪口の飛び交うやりとりは我慢できないと伝えて、やりとりを終えることが重要である。さもなければ、そこからさらに悪化するだけだ。言われた悪口を内面化してはいけない。相手はより高度な方法をもたないために悪口という手段に訴えているのだと理解しよう。次の手順に沿って取り組もう。

• 悪口のせいで心が不安定になっていると感じたら、マインドフルネスの呼吸法を使って心を落ち着け、どうすることがあなたの置かれた状況で身を守る最善の方法かを考えることに意識を向けよう。

- 家族や親密なパートナーと話し合っているときに悪口が飛んできたら、「そんなふうに失礼な扱いをされるのは我慢できない」と、きっぱり伝え、とりあえず無事にその場を離れよう。
- 別れたパートナーから嫌がらせやストーカー行為の形で悪口が使われたら、法的措置が必要になった場合に備えて、かならず記録しよう。
- 職場で罵倒されたら、その事例を責任者に報告すべきかどうか、検討しよう。
- ネット上の場合は、該当するソーシャルメディアの運営会社にその事例を報告して、相手をブロックしよう。ネット上でストーカー行為が続く場合に備えて、スクリーンショットを保存しよう。

◇過度な一般化

ナルシシストは、直面している問題に取り組むことを避けるために、私たちが思いきって虐待に声をあげようとするたびに、過度な一般論を展開する。その際、「君は決して満足することがないよね」とか「君はいつだって反応が大げさすぎるんだよ」などと、あなたの過敏さを強調したり、ひとまとめにした言い方をしたりする。この戦略はＨＳＰに使われるととくに威力を発揮する。というのも、そうすることで問題は彼らの虐待ではなく、私たちの感受性の強さだと思い込むようにガスライティングされるからだ。確かにあなたはときに繊細すぎることがあるかもしれないが、虐待者が無神経で残酷であることのほうがはるかに多い。

◇過度な一般化への対処法

過度な一般化を巧みに操る毒のある人は、現実の豊かさやニュアンスを十分にすくいあげるわけではない。自己完結的な指針に基づいて歪んだ見方を表現するだけだ。あなたは自分にとっての真実をつかんで離さないようにしよう。そして、彼らが実際には非論理的な、白か黒かという極端な考え方をすることを理解して、一般化に抵抗しよう。相手がフィードバックをどの程度受け入れられるかにもよるが、「あなたは一般化している。そうじゃないこともたくさんあった」と指摘してもいい。ただし、相手の毒性が強ければ強いほど、あなたの心のバランスを崩すことを目的にした無意味な議論に落とし込まれる可能性が高くなる。目標は、そんな議論にはまることではなく、あなたが伝えようとしていたそもそもの主張を貫き、もし相手が個人攻撃に訴えるようなら、その場を離れることである。

◇不合理な曲解

ナルシシストに反論したら、あなたの異なる意見やまっとうな感情、これまで生きてきた経験が、性格上の欠陥や、あなたが理性を失い批判的思考ができない証拠に変えられてしまう。これは「心の読みすぎ」としてよく知られる認知の歪みである。毒のある人は、あなたの考えていることも感じていることもわかっていると主張するが、慎重に状況を評価しているわけではなく、たいてい自分自身の引き金が引かれて結論に飛びついているだけだ。こうした事実誤認は、本人の妄想や誤った信念に起因する場合もあるが、意図的にあなたを不安にさせ、あなたの指摘をかわしたいという欲求から生じる場合もある。

ナルシシストは、あなたの実際の発言をねじ曲げるために大げさな言い方をして、あなたの意見が理屈に合わない、ひどいものに見えるように操作する。あなたの感情を認めず、あなたの経験したことから話をそらし、あなたがしてもいない突飛な訴えに話をすり替える。たとえば、あなたは毒のあるパートナーの話し方が気に入らなくて、指摘するとしよう。自分の気持ちを伝えただけなのに、パートナーは「そう、で、君は完璧なの?」とか「じゃあ、僕は悪魔みたいな人間ってこと?」などと、あなたが言ってもいないことを言い出す。あるいは、「つまり僕は意見をもってはいけないって言いたいのか。君ってすごく支配的なんだね!」などと言って、あなたの性格を攻撃する。こうして、あなたが相手の不適切な言動に対して自分なりの考えや感情をもつ権利をなくし、境界線を引くことに罪悪感を抱くようにする。

◇不合理な曲解への対処法

「そんなこと言ってない。私がそう言ったように言わないで」と何度でも主張して、断固として一線を引こう。それでもあなたのしていないことを「した」と言い、言っていないことを「言った」と言い募るなら、その場を離れよう。責任転嫁させたり、自分の虐待行為から話を脱線させたり、現実に基づいた意見を言ったあなたを恥じ入らせたりしてはいけない。相手が職場にいるなど避けられない場合は、自分のしたことや言ったことなどの事実を簡潔に繰り返して、席を外すのがいい。

◇責任回避のための話題の転換

この戦略のことを私はよく「あなたはどうなの？」症候群と呼んでいる。現在の話題から脱線し、まったく別の問題に注意をそらせる戦略だ。ナルシシストは何であれ、あなたから責任を負わされるのを嫌い、責任回避のために議論の矛先を変える。子育てに無関心だったことに抗議する？　子育ての過ちは10年前のことだと反論されるだろう。うそは受け入れられないと伝える？　あなたが家族の行事をパスしようとしてついた、たわいのないうそを蒸し返されるだろう。このタイプの話のすり替えは際限がなく、「あなたが同じことをしたときのことはどうなの？」というセリフでしばしば始まる。

◇こうした話の脱線の防ぎ方

あなたまで脱線してはいけない。毒のある人が突然話を変えたら、前述した壊れたレコード作戦を実行して、注意をそらせようとする試みに屈することなく、事実を伝えつづけよう。「私が話しているのは、そのことじゃない。今、目の前にある問題に集中して」と言って、方向転換しようとする相手を方向転換させよう。

◇からかい行為と無邪気なふり

毒のある人はあなたを偽りの安心感に誘い込み、ぞっとするようなやり方で自分の残忍性を見せつける。挑発的な発言や心ない冗談、悪口、痛烈な批判、根拠のない一般化はすべてよくあるからかい行為である。毒のあるパートナーが急に魅力的な同僚の話をもち出して、不倫してみたいなどと不適切な冗談を言うかもしれない。これはあなたが反応するかどうかを確かめるためのおとりだ。相手に共感する心がなく、自分の無神経な行為に良心の呵責を感じない場合、あなたは配慮に欠けた無秩序な口論に誘い込まれ、すぐに修羅場まで発展する可能性がある。

たった1つの同意できない事柄につられて丁寧に言葉を返したばかりに、やがてあなたをこき下ろそうとする相手の悪意に満ちた目的が明らかになることがある。「単なる冗談」をよそおって密かにけなすような発言をすれば、その責任を追及されることなく、あなたを苛立たせることができる。遊び心のあるスパーリングをよそおったこれらの攻撃的なジャブにより、暴言を吐く者は無邪気で冷静な態度を保ちながら、もっとも恐ろしいことを言うことができる。無神経でとげのある言葉にあなたが怒りをあらわにすると、たいてい「ユーモアのセンスがない」といって非難される。結局のところ、ほんとうにただの冗談なのだろうか？　それは違う。あなたが虐待を冗談だと考えるように仕向けるガスライティングであり、彼らの残忍性から目をそらし、あなた自身の受け止め方に意識を向ける手口である。

彼らは無害そうな言葉であなたを侮辱し悩ませることによって、あなたの気持ちをもてあそぶ。忘れないでほしい、こうしたタイプのプレデターはあなたの弱さや不安、自信を打ち砕いて動揺させる決まり文句、古傷をえぐって再体験させる不穏な話題を知り尽くしており、その知識を使って遠回しにあなたを挑発する。あなたがまんまと引っかかったら、ゆっくりと傍観し、「だいじょうぶか」と無邪気に尋ね、「心をかき乱すつもりはなかった」と語る。あなたはこの偽りの無邪気さのせいで油断して、相手はほんとうに傷つけるつもりはなかったのだと信じるが、あまりにも頻繁に起こるに及んで、彼らは意図的に残忍なのだという現実を否定できなくなる。

◇からかい行為に負けないために

きわどい発言や「悪魔の代弁者」をよそおった反対意見、相手が言うところの冗談に心穏やかでいられなくなるのは、どんなときだろうか。そこにはたいてい理由がある。自分がどんなときにからかわれるのかがわかれば、深入りしないようにできる。本能的な直感からもわかるだろう。状況が明確になっても、まだけなされているように感じるなら、相手に反応する前に、状況を再評価するゆとりが必要だというサインだ。

あなたの主張に反対する人がみんなそれほど敬意を払って反論するわけではない。議論がエスカレートする可能性をたえず意識して警戒する必要がある。からかい行為に対しては率直に言い返すよりも、「興味深いね」などとニュートラルなことを言いつつ、席を外すほうがいい。そうすれば会話が続くような呼び水をほとんど提供せず、相手の望むような感情的な反応をせずにすむ。

もちろん、何度でも感情を害してくる人はいる。毒のある人のなかには、感情的な反応を得られなくなっても、こうした行為をしつづける人もいる。その場合は、やりとりをすぐにやめて完全に接触を断つことで、そうした扱いに甘んじるつもりはないことを明確に示し、相手にふりまわされないようにすることが大切だ。

感情を操作しようとする人の密かな嫌がらせに声をあげれば、さらなるガスライティングを招く可能性もあるが、彼らの行動は好ましくないという態度をとりつづけよう。反応を求めてあなたをからかい心をかき乱す人から去ることで、あなたがあらたに身につけた強さを示そう。HSPだから無神経な人の挑発に敏感すぎるというわけでは決してない。あなたの反応は至極まっとうだ。自分を信じよう。

ナルシシストに対する「CLEAR　UP」の使い方

前章で紹介した「CLEAR　UP」をナルシシストや非協力的な人に対して使う場合は、相手に合わせて変更を加える必要がある。このタイプと効果的にコミュニケーションをとるためには、彼らの共感性の欠如や障害の実態を考慮に入れる必要があるからだ。だが、覚えておいてほしい。何らかの身の危険を感じる場合や虐待者が過去に暴力的な傾向を見せたことがある場合は、ナルシシストと直接対峙してはいけない。

ナルシシストとコミュニケーションをとらざるをえないときのために、ここに「CLEAR　UP」の適用法を紹介する。

C　背景を説明する（Context）

ナルシシストに状況を説明する際は、過度に感情的な言葉を避けて、事実だけを伝えよう。対面で向き合うのを避け、可能なかぎり電子メールやテキストメッセージを使用して、やりとりを記録するのが効果的だ。ナルシシストはHSPを挑発することを楽しみ、相手の感情的な反応をエネルギーとして勢いづく。彼らの戦略に対して感情的な反応を控えるのは、「グレイロック・メソッド」として知られる、より広範なテクニックの一部である。このメソッドを開発したのは、サイコパスからのサバイバーであるブロガーのスカイラーだ。このメソッドでは、あなたはナルシシストに目をつけられないように、あるいは積極的に操ろうと思われないように、つまらない灰色の岩のようにふるまう。まるで被食者の動物が捕食者の視線を避けるために死んだふりをするようなものだ。

感情的な言葉を控えることも、あなたにとって有利に働く。というのも、あなたから以前と同じだけの感情的な反応を得られなくなったナルシシストは、挑発して操りやすい、もっと楽な獲物にターゲットを移す可能性があるからだ。たとえば、ほかにも関係をもっていることを隠していた相手と向き合うなら、こんなふうに言ってもいい――「私は正直に話してくれる人としか関係をもたない。あなたはデートする前、パートナーはいないと言った。でも、配偶者がいることを私は知ってしまった」。穏やかで落ち着いた、感情のこもらない声で事実を伝える（あるいは、テキストメッセージか電子メールを通して中立性を保った短いやりとりをする）のが効果的だ。

L　ルールを決める（Lay down the law）

相手の行動がなぜ問題なのかを説明する際に重要なのは、話の焦点をあなたではなく、起こりうる結果に置くことだ。1つ、例を挙げよう。「私に連絡してくるのをやめないなら、警察に介入してもらう必要が出てくる」あるいは、もっと直接的に「私に嫌がらせをするのはやめて」

などと言ってもいい。記録を残す目的で、テキストメッセージや電子メール経由で伝えるのも効果的だ。

E　境界線を引く（Exercise boundaries）

あなたの要望を一度だけ、電子的なコミュニケーションを通じて言明しよう。たとえば、既婚者があなたに接触しようとしている状況では、「私は既婚者とは関係をもちません。もう連絡してこないでください」と書き送ってもいい。それでもしつこく連絡してくるなら、相手の電話番号を着信拒否にして、コミュニケーション手段になりそうなソーシャルメディアもブロックしよう。匿名のアカウントや複数の電話番号を使って接触を試みてくる場合は、法的な目的で必要になる場合に備えて、それらの情報を忘れずに記録しよう。

A　認める（Appreciation）

ナルシシストを認めることは、ほとんどの状況でお勧めしない。少しでも甘い顔をすれば、すぐにつけ込んでくるからだ。とはいえ、あなた自身の要求を認めることはできる。職場など関係を断つわけにはいかず、交渉する必要のある状況では、やりとりのなかであなた自身の何らかの要求を満たす方法を考えよう。たとえば、同僚からプロジェクトの大部分の仕事を任されそうになったら、彼らが前半を終えたあとで後半部分を提出すると伝えよう。かならず責任や互恵の要素が含まれるようにして、まずあなたの要求が満たされなければ自分の要求も満たされないことを相手に理解させよう。

R　繰り返す（Repetition）

ナルシシストが何度はぐらかしても、事実とあなたの目的を忘れてはいけない。前述の例にある詐欺師があなたにガスライティングを仕掛けようとして「僕にはほかにパートナーなんかいないよ。君が何の話をしているのかわからない。会って話し合えないかな？」と言ったら、あなたは壊れたレコード作戦でこう返事をしてもいい——「もうあなたには会いたくないし連絡してほしくない。あなたにパートナーがいる証拠がある。私は真実を知っている。話を引き延ばそうとしないで。私には通用しない」。あるいは、返事もせずに相手の電話番号を着信拒否にして、あなたの経験した現実をただ自分自身に繰り返し言い聞かせよう。自分を現実につなぎ留めることも、それ以上ではないとはいえ、やはり重要だ。やりとりを終了してセルフケアをするために、前もってナルシシストの許可を得る必要はない。

U　すりあわせて1つにする（Unity）

ナルシシストが異議をおとなしく受け入れることはあまりない。だから、公正なやりとりを期待してはいけない。彼らは特権意識が脅かされると、あなたに怒りをぶつけるだろう。しかし重要なのは、あなた自身と目標、サポートネットワーク、外部リソースを1つにして、断固たる意志で行動することだ。相手があなたの境界線をどんなに押し戻してきても、あなたは自分にとって最善のことをしつづけ、相手に責任を負わせる必要がある。状況について観察し情報収集する際は、ナルシシストが約束を守ることはめったにないという前提ですべてを記録しておこう。記録は、保護命令を受ける選択をした場合や、訴訟を起こす必要がある場合にも役立つ。あなたのなかで統一戦線を組んで、相手が自分の思いどおりにするためにかならず用いる感情操作に対抗しよう。

P　強さを見せる（Power posing）

あなたが少しでも弱みをのぞかせるのをつねに待ちかまえているナルシシストに対処する際は、自信のないときほど自信のあるふりをすることが重要だ。もう一度言うが、差し支えなければ顔を合わせて対峙することは避けよう。それが無理なら、あなたに自信をもたせてくれる人との関わりに頼ろう。安全な第三者に付き添ってもらい、仲裁や立ち会いをお願いし、勇気づけてもらおう。ふだんの声が小さくても、これを機に毅然として、ものおじしない口調で、中立的に話すようにしよう。効果がありそうなら、力強く堂々とした立ち居ふるまいをしよう。視線を合わせよう。

書いてみよう

自分自身の対応を考えよう

前述の例で原則については大まかな説明をしたが、あなた自身が自分の人生でナルシシストに対処するための、自分の「CLEAR UP」を考えよう。立会人として、だれに協力を求めるだろうか。虐待を経験したという現実に自分をつなぎ留めたうえで、どのように自信を築くことができるだろうか。どうすればマインドフルネスの状態でいられるだろうか。

関係から抜け出すための戦略

相手がナルシシストかもしれないと思ったら、「OFTEN」を実行して現状から抜け出そう。「OFTEN」はその方法を思い出すための頭文字だ。

O　非難するより観察する（Observe rather than accuse）

F　フェードアウトする（Fade out）

T　便利な言い訳を用意する（The handy excuse）

E　関係から抜け出して安全策を練る（Exit and make a safety plan）

N　反応するより認識する（Notice rather than react）

O　非難するより観察する

ナルシシストはあなたに真の姿を知られていないと思っているときには、容易に仮面を脱いで本性を見せる傾向がある。あなたが彼らの自己愛と直接対決すれば、身勝手な怒りをぶつけてきて、ますます感情を操作しようとするだろう。あなたに対してラブボミングを再開し、虐待のサイクルに閉じ込める。相手がナルシシストかもしれないと思った場合のよりよい対処法は、相手の性格に関する情報をさらに集めながら、離れる方法を胸の内で用意することかもしれない。

たとえば、ナルシシストと離婚するつもりなら、身辺の整理がすべて片づくまで相手に悟られてはいけない。つまり、離婚を切り出す前に、対立を好む攻撃的なパーソナリティに精通した離婚問題専門の弁護士に相談し、離婚事情に明るいファイナンシャルプランナーに与信と家計に関して支援してもらい、親権に関連する法律について調べ、単独の銀行口座を開設し、住まいを探すということだ。

ナルシシストに会うときは危険信号に目を配り、もし危険信号に気づいたら、彼らの敵意に満ちた説明（病的なうそやガスライティング、投影であったり、半分だけの真実である可能性が高い）によらず自分の判断を信じよう。彼らの言葉よりも行為や行動パターンのほうがはるかに多くのことを教えてくれる。

F　フェードアウトする

ナルシシストは「軽んじられた」「受け入れられなかった」と感じるときに激怒する。彼らをあからさまに拒絶するのではなく、少しずつフェードアウトするのがいい。以前と何も変わらないふりをしながら、相手に注ぐ時間とエネルギーを徐々に減らしていこう。会話するときは、ひと言で済ませるか、ニュートラルに返事をしよう。少しずつ手を引いて、あなたがそばにいないことに慣れてもらおう。ナルシシストは注目されないことに耐えきれず、自己愛の充足をどこかよそに求めるようになる。

T　便利な言い訳を用意する

フェードアウトする際は、「便利な言い訳」を用意しておくことが大切だ。あなたが現に自分の人生から相手の存在を排除するつもりでいることに気づかれないように、あなたが尻込みする理由として十分にもっともらしいと相手が思いそうな何かを考えておこう。仕事のプロジェクトで忙しいふりをよそおったり、大学で新しく取った講座の課題がどれほどストレスかを強調したり、新規事業にどれだけ時間を取られるかを話したりしよう。それで相手の怒りが増すようなら、次のステップに進もう。

E　関係から抜け出して安全策を練る

最終的には、その関係から抜け出すための安全策が必要だ。カウンセラーや人事部、DVの支援団体などの協力を得て、脱出する戦略を練ろう。あなたとナルシシストとの関係性や、同棲しているかどうかにもよるが、あなたが思うほど多くの段取りは必要ないかもしれない。

N　反応するより認識する

あなたが関係から抜け出したあともナルシシストと関わりをもたざるを得ない場合は（たとえば共同親権や家族の集まる行事のある状況）、よくコントロールしながら感情を出すことが必須だ。ご存じのとおり、ナルシシストはあなたを挑発して楽しむ。相手の求めている反応を与えるより、彼らの感情操作の手口を認識し、名前をつけ、深呼吸してセルフケアに意識を戻そう。相手があなたに何を期待しているかがわかれば、相手の策略から心が解き放たれるのを感じられるだろう。

第4章

毒のある人からのリハビリ
——依存から脱して関係を断つために

Toxic-Person Rehab: Breaking the Addiction and Going No Contact

なぜテレンスのことが忘れられないのか、ミランダにはわからなかった。別れて何カ月も経つのに、嵐のようだった恋愛を気づけば思い返していた。付き合いはじめのころは贅沢なプレゼントに週末のお出かけ、入念なデートを惜しみなく与えてくれた。昼も夜も電話してきた。ときどき態度が冷たくなって無口になることもあったが、またはじめのころのように2人の関係のために熱心に尽くしてくれるようになると、そうした危険信号のことを頭から追いやることができた。

やがて、テレンスは彼女のことをほかの女性と比べてこき下ろすようになり、怒りを爆発させて暴言まで吐くようになった。何日間も姿をくらまして彼女を無視し、しばらくすると何事もなかったかのように戻ってくる。彼女はそのたびに迎え入れた。彼との関係をきっぱりと断ち切り、すべてを終わらせたのは彼女だったが、その結果、彼女の世界はすっかり引き裂かれ

てしまった。どうしようもないほどひどい有様だった。不当な扱いを受けていたにもかかわらず、彼に電話して「関係を修復したい」と切望した。おたがいにうまくやっていくことさえできれば、はじめのころに戻れると信じていた。

経済の世界で「サンクコスト（埋没費用）の誤謬」といえば、取り戻すことのできない損失をすでに出しているがゆえに、投資（時間、費用、リソース）を続けてしまう現象を表す。毒のある人物との関係においては、相手に費やしてきた時間とエネルギー、プラスのリターンへの期待にサンクコストの誤謬を当てはめることができる。すなわち、関係を維持するために多大な精神的負担を要し、トラウマに耐えることで心理的負債が生じたがゆえに、それらに対して何らかの見返りを期待することになる。「こんなに長く続けてきたのに、今さらただ投資をやめるなんてできない！」と考えるのである。カジノに興じるギャンブラーのように、今やめたほうがはるかに損失は少なくて済むとわかっていながら、損切りするより期待薄の勝利に望みをかけ続けてしまう。

この誤謬を克服するためには、「失った時間は決して取り返せないが、未来を立て直すことはできるし、すぐにでも別れたら、幸せをこれ以上損なうことは防げる」という現実を受け入れる必要がある。自由が、あなたの期待している見返りになるだろう。とはいえ、あなたがナルシシストとまでは言えなくても毒のあるパートナーにまだ依存していると感じるなら、自由を手に入れるのは難しい。本章では、こうした関係への依存に適切に対処し、現状とふたたびつながる方法を見ていく。

接触を断つことがあなたへのギフト

接触を断つことによって、毒のある人に過小評価され悪影響を受けることがなくなり、自分自身を癒やし回復させるゆとりが生まれる。あなたにとって相手から完全に離れて、自分の人生を前へ進め、目標を追いかけるよい機会だ。ガスライティングや虐待によって見方が曇ることなく、あなた自身の直感や感情、思考から関係をあるがままに見つめることができる。

だれであろうと、あなたに無礼な扱いをしてきた人は、あなたの人生に加わる資格がない。「接触しない」というルールは、どんな形であれ相手を自分の人生に呼び戻したいという誘惑にあらがうために効果的だ。また、多くのサバイバーが自分の進歩の足跡をカレンダーや日記に残すのも効果的だと実感している。連絡をとらないでいられる自制心に目を向けて、ぜひ自分で自分をほめよう。というのも、自分を強くする道のりは険しくも、やりがいがあるものだからである。

接触を断つ習慣が定着したら、あなたは安心して自分の強み、才能、そして新しい自由を探求できるようになり、最終的には勝利を手にすることになる。はじめて取り組む場合は、少なくとも90日間は連絡をとらないことを目標にして、うまく立ち直るための最初の1歩とすることをお勧めする。この90日間という日数は薬物依存者が解毒に要する期間と同じで、ご存じのとおり、有毒な愛は麻薬中毒に似ている。この解毒期間中に、守られた時間と空間のなかで自分を大切にし、自分をケアして、虐待によって傷ついた心身を回復させ、癒やしへつなげよう。

生化学的な結びつきを断ち切る

第1章で体内の化学物質への依存について説明したことを覚えているだろうか。ここでは、いよいよ毒のある人との生化学的で破壊的な結びつきを、建設的なものに置き換えよう。

ドーパミン

思い出すだろうか。ドーパミンは私たちが矛盾したパートナーに夢中になる元凶の1つである。この神経伝達物質は、報酬が断続的で予期できない場合に放出されやすくなるため、ナルシシストの熱い態度と冷たい態度のサイクルはまさに彼らへの不健全な依存の要因となる。また、喜びと痛みが組み合わさると、喜びだけの場合より脳にとっては大きな報酬となるため、結果的に私たちの脳はこうした関係にいっそう注意を向けることになる。この有害な依存を克服するためには、報酬を健全なものに置き換える必要がある。

新しい体験

あなたにとってアドレナリンが放出される、有害な関係とはまったく関わりのない新しい活動を楽しもう。HSPにとって、ロッククライミングやスカイダイビング、バンジージャンプなどは神経系を過度に警戒させてしまうかもしれない。1日1つ、不安だけど自分にとって有益だと思うことをするだけでいい。ナルシシストから与えられていた高揚感と置き換えるためにも、あなたの生活に自発性を加える方法や活動をブレインストーミングしよう。私自身はデトックス期間に毎日違うイベントを探しては新しい冒険ができないか試していた。こうして「間欠スケジュール」で報酬が与えられると、脳内でドーパミンが流れやすくなり、新しい趣味や興味を楽しむゆとりが生まれる。あなたの「死ぬまでにやっておきたいことリスト」に載っている活動を、ナルシシストの熱い態度と冷たい態度のサイクルと同じくらい予測できないスケジュールで実行しよう。人生全体を、充実したものに築き直すことができる。

書いてみよう

死ぬまでにやっておきたいことリスト

「死ぬまでにやっておきたいことリスト」を作成しよう。あなたを心地いい場所から引っぱり出してくれること、しかもあなた自身の感受性のレベルも考慮して刺激が強すぎず、健全な不安要素をはらむことがいい。私自身、たくさんの冒険をして、刺激的でわくわくする人生になった。すばらしく感動的なことからばかばかしいことまで、やりがいのある挑戦的なことからロデオマシンや人生初のジェットコースターに乗ることまで、ありとあらゆることを試した。新しくジムの会員になり、アートセラピーのグループに参加して創造性を発揮し、ホットヨガを体験した。これまでに経験したことのないことをしよう。これまでに経験したことのない新しい方法でしよう。ただ楽しむためだけでもいいし、何らかの目的があってもいい。新しくて、あなたの脳と心と身体の喜ぶことなら、何でもいい。

生産性

もっと建設的な方法で報酬系を満足させたい？　あなたが自分の目標や夢、憧れに集中しつづけられるような新しい報酬回路を築こう。情熱のおもむくままに向き合えて心の沸き立つ仕事を探そう。新しい趣味に没頭しよう。支援を必要としている人にボランティアをしよう。新しい創造的なプロジェクトに飛び込んでみよう。あなたが心惹かれ関心をもっている使命に役立つ講義や学士課程に登録しよう。

多くのサバイバーから、自分と同じような人を助けるためにカウンセリングの仕事に就いたという話を聞く。とりわけ自分の人生経験を還元することによって自信がつき、充実感を得られたようだ。私はデトックス期間に本を執筆し、新しい職を得、ミートアップ（Meetup.com）を通じて新しい出会いがあった。おかげで、報酬系がふたたび建設的に働くようになった。こうして有害な関係から前進するために不可欠な、希望に満ちた感覚が再生し、新しいサポート体制に支えられてよりよい生活を築いている。

書いてみよう　目標の設定

目標や活動、趣味など、あなたがナルシシストに費やしていた時間とエネルギーを今すぐ注げるものを10個、書き出そう。

人づきあいの楽しみ

ＨＳＰには、自身の共感力の高さと同等の共感を寄せてくれる社会的なネットワークが必要だ。前向きで肯定的で応援してくれて、いっしょにいると最高の自分でいられる人たちと付き合おう。気持ちを明るくしてくれる友人を選び、無理のないペースで親しくしよう。人との交流で疲れやすいという特性を受け止めて、ひとりの時間とほどよい社交の楽しみのバランスをとり、消耗することなく活力を保とう。

仲間は慎重に選ぼう。回復期には、気に障る人とは距離を置くか、やりとりを制限しよう。どういう人のことを言っているか、わかるとは思うが、無神経で否定的なタイプで、いっしょにいると自分のことが最悪だと思えてくる人だ。代わりに、いつもいい時間を過ごせる友人や、深く有意義な会話のできる友人、笑顔にしてくれ、心から気遣ってくれる友人と付き合おう。毒のある人がもたらすストレスやトラウマ抜きで、ふたたびドーパミンを放出できるのは、こんな友人たちである。

書いてみよう

人づきあいの刺激の限度

あなたにとって負担になるのは、どの程度の人づきあいだろうか。疲れきったと感じるのは、どんなときだろうか。たとえば、私は2週続けて週末に出歩くと、へとへとに疲れてしまう。自分のことをしたり充電したりするための週末を挟むことが不可欠だ。あなたにとって心地よく感じる人づきあいの量を考えて、それを守ろう。

ひとりでいること

社会との関わりが大切であるのと同様に、ひとりで楽しむことも大切だ。ＨＳＰは物事を非常に深く処理する。内省や想像力、創造性に恵まれている。時間と自由を心の充電にあてるとき、これらの才能も活用しよう。ひとりで過ごすことによって、あなたの人生に毒のある人がいない平和と喜びを味わうことに慣れていくことができる。ひとりで楽しめる活動は、たとえば外食したり、スパへ行ったり、泡風呂にいい香りのオイルとキャンドルを浮かべて入浴したり、マッサージを受けたり、新しい服を買ったり、いつも行くのとは違う街や国を訪ねたり、無限にある。ひとりで楽しむうちに自立心が強くなり、他者の顔色をうかがうことが減るだろう。というのも、ひとりでの体験を楽しめば楽しむほど、ただいっしょにいてくれる人が欲しいという理由だけで毒のある人に耐えようとはしなくなるからだ。

書いてみよう。 **ひとりの休息**

今週、あなたがひとりで楽しめる、ささやかなことは何だろうか（たとえば、サイクリング、公園で読書、川辺を散歩など）。3つ挙げよう。

◇**セルフケアの専門家によるひと言アドバイス**

アドレナリンを大放出させるためには、ひとりの活動に驚きの要素を取り入れよう。口にしたことのない食べ物や訪れたことのない場所、まだプレイしたことのないゲームなど、何か新しいものを取り入れるのだ。少なくとも週末には、どこかはじめての場所へ行ってみよう。別の町、別の州の小さな宿に泊まるだけでもいい。

オキシトシン

第1章で見てきたように、オキシトシンは厄介な愛情ホルモンで、たとえ信用ならなくても私たちに毒のある人を信用させてしまう。オキシトシンは身体的な親密さがあるときに放出される。ナルシシストとのオキシトシンによる結びつきと置き換えられる選択肢を次に挙げる。

接触しないようにする

オキシトシンの影響から離脱するためには、接触しないこと、あるいは接触を少なくすること（共同養育や職場での関わりなど、継続的な関係を維持するために最低限の接触が必要な状況の場合）が不可欠だが、当然のことながら、そこにはナルシシストのパートナーとふたたびつながりたいという渇望が伴う。この誘惑に屈するのではなく、その渇望を健全なつながりと置き替えよう。

ペットセラピー

オキシトシンが放出されるのは、愛する人と寄り添っているときだけではない。愛らしい動物を抱きしめることによってもオキシトシンは生成される。実際に、犬を抱くことによって、犬と飼い主の双方でオキシトシンレベルが上昇するとともに、飼い主のコルチゾールレベルが低下することが研究で明らかになっている（Odendaal and Meintjes 2003）。ペットをまだ飼っていない場合は、友人の犬の世話をしたり、ペットショップや動物保護施設を訪ねたり、可能であれば譲り受けてもいい。

身体的な接触

良好な関係にある人なら、だれと身体的に接触してもオキシトシンは放出される（Handlin, Petersson, and Uvnäs-Moberg 2015）。大切に思う人たちにハグすることをいつもの習慣にしよう。ナルシシストのパートナーと別れたあとなら、あなたが魅力を感じる相手と安全な範囲で接触をするのもいい。ただし、あなたにとって心地よく、気の置けない仲間として見ている相手で、身体的なふれあいと感情的なつながりを区別できるならという条件つきだ。すでにかなり回復していないかぎり、長期的な関係を築こうとすることはお勧めしない。

気軽なお付き合い

あくまでもあっさりした範囲で、何の制約もない人と言葉を交わしたり、おしゃべりしたり、軽いデートをしたりしよう。ただし、あなたの期待も投資もかなり低く抑えられるならだ。性的な関わりをもてば、相手とのあいだに絆が生まれ、それがあなたにとってあらたな依存の引き金になったりトラウマをよみがえらせたりする可能性のあることに注意しよう。そのため、自分が対処できると感じる範囲で行動しよう。ここでの目的は、毒のあるパートナーになる可能性を秘めた相手とあらたに絆を結ぶことではない。気軽なお付き合いや社交の機会をただ広げることだ。

このテクニックは、愛情を行動で示すことと、もっと真剣なものとを分けて考えられない人には効果がない。でも、区別できる人にとっては、だれか新しい人とちょっとしたお出かけをしたり親しげにふるまったりすることで、自分のことを「愛すべき魅力的な人間だ」と感じられる人生を取り戻すことができる。また、ナルシシスト以外の人と気心の知れた関係になったり親密になったりする選択肢があることを思い出すことができる。

思いやりと地域社会への貢献

オキシトシンは、心的外傷後ストレス障害（ＰＴＳＤ）の症状に苦しむ人の思いやりと向社会的行動を高めることができる（Palgi, Klein, and Shamay-Tsoory 2016）。このオキシトシンと思いやりの関係を考えれば、友人をサポートしたり、福祉のために寄付したり、意義のある社会活動にボランティアで参加したり、だれかの話に耳を傾けたりすることも有効かもしれない。あなたがだれかを助けるだけでなく、それによってあなたも気分がよくなる。みんなが得をするウィンウィンの状態を作りだせる。

自分に思いやりを向けてあるがままの自分を受け入れるセルフ・コンパッションも大切だ。そうすれば、オキシトシンレベルが上昇し、コルチゾールレベルが低下することが研究によって示されている。セルフ・コンパッションの専門家であるクリスティン・ネフによれば、両腕を胸の上で交差させたり、両手を心臓の上に置いたりすると、オキシトシンが放出される（Neff 2011）。必要なときはいつでもこうして自分自身を抱きしめることができる。慈悲の瞑想も自分自身と他者への思いやりを高め、体内のコルチゾールを減少させる効果がある（Rockliff et al. 2008）。

コルチゾール

コルチゾールは私たちが減らしたいホルモンである。著述家でありコーチでもあるクリストファー・バーグランドは、コルチゾールの影響を和らげるために、身体的な活動、マインドフルネス、瞑想、笑い、音楽、社会とのつながりなど、数多くの方法を提案している（Bergland

2013）。心の傷を癒やしたいときには、次に挙げた例のうちのいくつかを実行して、コルチゾールレベルを下げよう。

- フローヨガのクラスに週に1回参加する、あるいはオンラインで毎日参加する。
- 呼吸法を取り入れた瞑想を10分間することを毎朝の習慣にする。
- コメディ番組や映画を積極的に見て笑う。笑いはコルチゾールレベルを低下させ、報酬系にポジティブな報酬を与える。
- 可能なかぎり、いつでもほほ笑む。そうすれば、心身をリラックスさせる効果のあるエンドルフィンが放出される。
- あなたのことをいちばん応援してくれる友人たちと夜の外出を計画する。
- 虐待サバイバーのためのフォーラムや支援グループに参加する。
- あなたが感じている怒りと悲しみのさまざまな様態を表現した音楽を聴く。
- コミュニティ・センター（地域の公民館）でボランティアをする。
- 慈悲の瞑想やアファメーションをして、セルフ・コンパッションを高める。

ナルシシストと手を切るためには、リラックスして自分を落ち着かせることが重要だ。そうすれば、距離を置いて考えることができ、ナルシシストのパートナーともう一度つながりたいという渇望を乗り越えることができる。

セロトニン

セロトニンは強力なホルモンだ。濃度が低いと、別れたパートナーのことをずっと思いめぐらすという依存状態を引き起こし、衝動の抑制や計画の実行能力、感情、記憶、体重、睡眠、自尊心に悪影響を及ぼす。セロトニンを増やすために、次に挙げる天然のブースターを使おう。いくつかは研究者のアレックス・コーブによって提案されたものである（Korb 2011）。

- 日光――日光を浴びると、セロトニンレベルが上昇する。晴れの日は午前中や午後に散歩して、1日に必要な日光を浴びよう。
- ビタミンB群――セロトニンレベルが低いと、気分の落ち込みを招く。ビタミンB群はセロトニンとドーパミンの両方の生成に不可欠で、とくにビタミンB6、B12の欠乏と気分の落ち込みに関連のあることが研究によって指摘されている（Mikkelsen, Stojanovska, and Apostolopoulos 2016）。抑うつのリスクを下げるために、ビタミンB群のサプリメントの摂取について医師に相談しよう。
- マッサージ――マッサージセラピーにはコルチゾールレベルを下げ、セロトニンとドーパミンレベルを上昇させ、ストレスを軽減する効果のあることが研究によって示されている

（Field et al. 2005）。

- 幸せな記憶——幸せな記憶を思い出すと、前帯状皮質という注意の制御を担う脳領域の一部でセロトニンの生成が増加する。古いアルバムや昔の日記を見てみよう。幸せな記憶を思い浮かべる手がかりが必要なら、ホームビデオを見るのもいい。そうすれば、セロトニンを増やすと同時に不幸な出来事を反芻せずにすみ、一石二鳥だ。ただし、あなたを虐待した元パートナーとの幸せだった時間を思い出したり美化したりしないように気をつけよう。虐待者とは関係のない思い出を数えながら感謝しよう。

セラピー

不健全な関係を断ち切るためには、毒のある関係や依存、トラウマ性の絆について経験豊富なメンタルヘルスの専門家に相談するのが効果的だ。これらのテーマに精通する有資格者なら、あなたが気づいていないような心の奥底の傷を明らかにすることもできる。最終章では、さまざまな種類のセラピーについて紹介する。

投薬治療

重度で深刻な不安や抑うつに苦しんでいるなら、選択的セロトニン再取り込み阻害剤（ＳＳＲＩｓ）などの服用が効果的だ。だが、これは本書で扱う範囲を超えている。あなたに最適な投薬治療については、かならず精神科医やメンタルヘルスの専門家に相談してほしい。また、現在服用している薬を、本書で紹介する回復法と決して置き換えてはいけない。これらの回復法はあなたのセルフケアを補うことが目的であり、治療の代わりにはならない。

運動

運動は、一度に多数の生化学物質に働きかけ、ノルエピネフリン、ドーパミン、セロトニンなどの神経伝達物質を急増させる、強力な気分向上剤だ。運動をすると、コルチゾールレベルも下がる。ありがたいことに、身体を動かす〝生産的な〟方法は豊富にある。私はヒップホップダンスのクラスや、有酸素運動と融合したキックボクシングのクラスに参加するなど、あらゆることを試してみたが、ランニングが気に入って今も続けている。もしまだ経験がなければ、スポーツジムの会員になったり地元のヨガ教室に参加したりすることを強くお勧めする。あなたが今、虐待のある関係にあっても、別れるつもりでも、すでに縁を切って新たな道を歩みはじめているとしても、何らかの運動――ハイキングでも、ベリーダンスでも、筋力トレーニングでも、ピラティスでも、武道でも、サイクリングでも、ズンバでも何でもいい――をすれば、天然の抗うつ作用があり、回復のどの段階でもより効果的に感情に対処できるようになる。

毒のある人との親密な関係では、生化学的な結びつきやトラウマ性の絆が生じる可能性があるため、別れることがいっそう困難になる。有害な関係では、脳が私たちのためというより、私たちにとって不利になるような働きをするため、関係を断ち切るにはいっそうの努力が必要だ。また、こうした相手に執着するのは、その関係に価値があるからではなく、トラウマによって結びついているからだということを忘れてはいけない。自分自身を責めたり、留まることを正当化したりすることなく、こうした有害な関係のもつ中毒性について理解を深めることができれば、その理解に基づいて健全な依存に置き換え、毒のある人から離れることができる。

接触をなくす、あるいは接触を控えるためのヒント

不健全な関係を終わらせる際には動揺し、対処しきれないと感じるかもしれない。虐待されるいわれはないと理屈ではわかっていても、感情にとらわれて、その信念を曲げたくなることがある。虐待のある関係では、トラウマ性の絆によって虐待者に束縛されるだけでなく、共依存や自尊心の低下、自己評価の低さといったほかの問題が引き起こされるせいで、その関係に留まろうとすることがある。相手と接触しない、あるいは接触を控えるためのヒントを紹介する。

◇**充実感があり気分のよくなる活動で予定をいっぱいにする**

まったく接触しないことが困難な場合は、友人と過ごす、お笑いのライブに出かける、マッサージに行く、長めの散歩をする、役立ちそうな本を読むなど、楽しくて気の紛れる活動を1週間の予定に詰め込もう。

◇**依存の欲求に注意深く対処する**

ラブボミングや脱価値化、トラウマによって生じた生化学的な結びつきを通して、ナルシストに文字どおり中毒を起こしていることを忘れてはいけない。自分自身の身体的、精神的な健康づくりのために、毎日身体を動かし、規則正しい睡眠をとって概日リズムのバランスを整え、ヨガで身体を鍛えてストレスを解消し、好みの瞑想を日課にしよう。研究によって、マインドフルネスを実践すれば、欲求が軽減することがわかっている（Bowen et al. 2009; Westbrook et al. 2011）。最終章で紹介する、鍼治療やアロマテラピーなどの補完代替療法を試してみるのもいい。

◇**ラディカル・アクセプタンス（あるがままの受容）を実践する**

「接触しない」というルールを破りたい欲求と健全に付き合うために、ラディカル・アクセプタンスを取り入れよう。これは、今この瞬間の人生をありのままに全面的に受け入れて、自分がコントロールできないことには抗わないという態度のことである。依存はときに再発することも避けられないサイクルの一部であることを忘れてはいけない。どこかの時点でルールを破り交際を再開してしまっても、自分自身を許し、思いやる気持ちをもって、また回復のサイクルに戻ればいい。自分の衝動を日記に記録して追跡しよう。衝動のままに行動してしまう前に、少なくとも1時間は待って心を落ち着けるようにしよう。毒のある元パートナーや友人、家族と接触しても、たいてい何のメリットもなく、苦痛を学習することになるだけだと理解してしまえば、楽に落ち着けるようになる。

◇可能なかぎり遅らせるというルールをつくる

自己破壊的な衝動に駆られたときや害になる欲求のままに行動したくなったときは（たとえば、接触しないというルールを破って虐待者に連絡をとろうとするなど）、行動に移すのを遅らせよう。少なくとも1日は待って、気持ちに変化はあるか、まだその欲求に従って行動したいと思うかどうかを見きわめよう。衝動が去るまで先延ばししよう。このとき、助けを求めるのがいい。信頼できる友人やカウンセラーと話をすれば、支えられ、有害な人から自分を守る社会的責任があるのを感じることができる。

やってみよう

欲求のコントロール

接触しないルールを破りたい欲求が高まったら、波が寄せては返す引き潮としてそれをイメージしよう。欲求はやがて去る。もし接触してしまったら、自分の過ちをあるがままに（批判せずに）受け入れて、なるべく早くルールに戻るようにしよう。依存症は再発の可能性があるが、継続して取り組めばやがて回復する。

◇支えとなるコミュニティを探す

不健全な行動を変えるためには、社会的な責任が重要な役割を果たす。ＨＳＰに関連するものや、不健全で毒のある関係からの回復に関連したオンライン上のフォーラム、コミュニティを調べよう。そうした支援を目的としたフォーラムに参加すれば、接触しない状態を維持しようと努力する際の強力なサポートネットワークになり、さらには自分と同じように苦しんでいる人を支える機会にもなる。仲間との助け合いを通して、自分の経験を認めてもらうこともできる。

やってみよう　コミュニティの支援

今週にでも参加できそうなオンライン上または実在のコミュニティを1つ、調べよう。

◇悲しむための時間をとる

あなたの人生にとって害になる人から離れるこの時期に、あなたはきっと悲しみを経験することだろう。それは自然なことであり、悲しみはしばしば周期的に襲ってくることを知っておこう。タイムアップはない。事実、あなたがネガティブな思考や感情に抗えばあらがうほど、尾を引くことになる。悲しみを癒やすために必要なのは、悲しみから逃げることではなく、心の傷を受け止めて処理することである。そのため、自分の感情と向き合い、悲しみを受容することが癒やしの過程には不可欠だ。認定グリーフ・カウンセラーのスーザン・エリオットの著書『ゲッティング・パスト・ユア・ブレイクアップ（Getting Past Your Breakup）』（Elliot 2009）に紹介されている、「悲しむエクササイズ」をしてみることをお勧めする。

書いてみよう　**感情に向き合う**

あなたが避けようとしてきた感情は何だろうか。1つ挙げて、その感情に関するあなたの考えや気持ちを書き留めよう。

◇接触を控える際には限度を決める

共同養育や仕事上の義務がある、あるいは子どもの親であり関係を切る決心がつかないなど、虐待者と接触しないというより接触を控える選択をする状況では、どのような形での接触なら自分が耐えられるかを考慮しよう。電話も許容するか、それともテキストメッセージに限定するか。祝日には訪ねるか、それとも対面で交流するのは緊急の場合だけにするか。毒のある相手に接触方法を制限する際には、これらの質問について考えよう。

書いてみよう　**接触を控える際の線引き**

あなたにとって楽に接触を控えられ、今すぐ設定できる境界線を1つ決めるとしたら、何だろうか。たとえば、毒のある人からの着信をブロックして、グーグルボイス番号のテキストメッセージだけに制限できるだろうか。そうすれば、相手との絶え間ないコミュニケーションからひと息つくことができ、相手に用件があったとしても、あなたに心の準備ができたときにだけ読むことができる。

第5章
境界線を引く
——プレデターを寄せつけないために

Boundaries: Electric Fences That Ward Off Predators

毒のある人や不健全な状況から引き続き身を守るためには、自己防衛のための最後の努力としてではなく、自然な本能として境界線を引く方法に理解を深める必要がある。あなたが不健全な関係にエネルギーを注ぐ前に、つまり有害な捕食者《プレデター》があなたの人生に入り込んで多大な害を被る前に、こうした境界線をあるべき場所に引いておくのがよい。境界線とは、私たちの身体的、感情的、性的、心理的な〝限度〟である。ＨＳＰは他者に利用されやすいため、人並み以上に断固として境界線を維持する方法を見つける必要がある。

境界線は、私たちの基本的権利を侵害し、核となる価値観に干渉し、個人的な安心感を崩壊させる毒のある人から身を守るために設置する、フェンスのようなものだ。自分自身の境界線や権利、それらを侵害するものが何かについて明確な理解があれば、より一貫性をもって他者とのあいだに健全な境界線を設定することができ、そもそも他者があなたの領域に入る前に近づかせないようにすることができる。

境界線とは何か、どうしたらそれを守れるかを思い出すための頭字語「BOUNDARIES」を挙げておく。

B　自分自身の価値を信じる（Believe in your own worth）
O　主体性をもつ（Own your agency）
U　自分の核となる価値観を理解する（Understand your core values）
N　自分の譲れないことを示す（Name your nonnegotiables）
D　自分の妥協できないことを知る（Deal-breakers—know them）
A　謝罪せずに主張する（Assert without apologies）
R　異議を唱えられたら繰り返して強化する（Reinforce and repeat if challenged）
I　安全に現実的に設定する（Implement practically and safely）
E　尊重されない場合はその場を離れる（Exit when not respected）
S　自分を守りセルフケアを優先する（Save yourself and prioritize your self-care）

B　自分自身の価値を信じる

まず自分に自信をつけて、自分には境界線を設定する資格があると信じよう。境界線を引くためには、自分には自分の要求を満たして自己防衛するだけの価値があると信じる、揺るぎない感覚を身につける必要がある。本書の最終章で紹介する多様な補完代替療法を利用して、あなたのネガティブな心の声を書き換え、自分の価値を信じることが思考や行動の初期設定となるようにしよう。

自分は丁寧な扱いを受けるに足る人間だと信じ、その信念に潜在意識をそろえるための手立てを講じれば、奇跡が起こる。あなたは他者に対してこれまでより自信をもって積極的に行動するようになるだろう。というのも、あなたはもう無意識に「私なんか、だめだ」「私は過敏だ、私のことは気にしないで、言いたいことを我慢して静かに縮こまらせて」とつぶやいたりしない。むしろ、「私は十分に立派だ。私には価値がある。尊重されてしかるべき人間だ。要求を満たす資格がある。私は繊細で、それはすばらしいことだ」と心の声がささやくからである。

○　主体性をもつ

多くのHSPは、自分は無力でなすすべがないと感じる人間関係のパターンに陥っている。HSPのあなたも、「物事はどうせ変わらない」「対立が怖くて自分を押しとおせない」と思っているかもしれない。HSPが対立を「消耗する」と感じるのは、神経系が圧倒されて、闘争・逃走・フリーズまたは子鹿（媚び）モードに直接送り込まれ、他者を操ろうとするマニピュレーターに対してふさわしくない反応をしてしまう傾向があるからだ。こうして合理的な意思決定が扁桃体にハイジャックされると、過去の傷や恐怖がよみがえり、マニピュレーターに尽くしたり、自らを危険にさらしたりする方法で反応するのである（Walker 2013; van der Kolk 2014）。「主体性をもつ」とは、反射的に反応するのではなく、状況に効果的に対応する方法についてさまざまな選択肢を検討するという意味だ。そのためには、状況のプラス面とマイナス面を的確に評価して、不快さに注意深く対処し、自分がコントロールし変えることができるのは何かを検討し、願望に基づいた思考や学習性無力感に陥るのではなく、現実に即した対応をすることが必要である。

U　自分の核となる価値観を理解する

自分を支える土台となる価値観と基本的な権利を再認識しよう。あなたには虐待や搾取、不当な扱いから身を守る権利があるということを日々、思い出そう。あなたには他者の有害な行動に対して丁重に抗議して、彼らから距離を置く権利がある。安全で健全でおたがいに敬意をもったコミュニケーションをする権利がある。ひと休みする権利がある。プライバシーの権利がある。毒のある人の感情を受け止めるサンドバッグや吸収するスポンジにならない権利がある。だれかのことを嫌ったり、だれかの行動を嫌がったりする権利がある。

自分の核となる価値観をはっきりと意識して、価値観の背後にあるニーズを知り、そのニーズを満たせるような境界線を引こう。たとえば、成功に価値を置くなら、あなたのキャリアパスをけなすのではなく応援してくれるパートナーが必要かもしれない。あなたのキャリアや目標を応援しない人を人生に関わらせないことによって、核となる価値観やニーズを守ることもできる。

自分の核となる価値観は、これまでの人生を通じて、自分の内なる指針や道徳的基準に葛藤をもたらした経験を振り返ることによって見きわめることができる。だれかのためにうそをついてほしいと頼まれて悩んだ経験があれば、あなたの核となる価値観は「正直さ」ということになるかもしれない。正直でいることが難しいときでも、正直であることの価値を信じるなら、あなたの核となる価値観には「高潔さ」や「誠実さ」が含まれるだろう。たとえそれが自分に犠牲を強いるとしても、一瞬の満足より正しいことをすることの価値をあなたは信じる。自分の核となる価値観を知れば、長期的に相性のよい人のタイプがわかる。

N　自分の譲れないことを示す

相手にする毒のある人のタイプにもよるが、自分の譲れないことを、少なくとも自分自身では明確にして自覚しておきたい。相手に伝えることに関しては、どこにでもいる境界線を踏み越えてくる人があなたの境界線を理解し受け入れてくれるときのように、話し合いが成立する場合もある。しかし、相手がナルシシストで、あなたの譲れないことを巧妙に挑発材料にしてくる場合は、自分が何を許容し、何を許容しないのかをしっかりと自覚したうえで、危険信号となる行動が見えたら、説明も正当化もせずに距離を置くほうがはるかにいい。

自分の譲れないことは文脈によって少しずつ違ってくるかもしれないが、敬意と思いやりを向けられるに値する人間としての基本的権利を守るものである。たとえば「だれも私に声を荒らげない」「だれも私に見下したような話し方をしない」などだ。HSPは自分がどう扱われるかに敏感すぎるとよく言われる。でも、私たちの不快感は妥当かつ正当なものであり、健全な方法で積極的に表現するべきである。ただし、たえずあなたに不当な扱いをするナルシシストに対しては、説明も正当化もせずに境界線をただちに引いて、やりとりを完全にやめるのがいい。フィードバックを受け入れてくれる、どこにでもいる境界線を踏み越えてくる人に対しては、きっぱりと抗議したうえで、一歩引いてその後の行動を見きわめるのがいい。

D　自分の妥協できないことを知る

自分にとって妥協できないことが、すべての人にとって譲れないこととはかぎらない。心地よさの基準は人それぞれだからである。たとえば、あなたには「完全な菜食主義者のビーガンとしかデートしたくない」という形で妥協できないことがあるかもしれない。あるいは、「将来子どもをもつことを考えていない人とはデートしたくない」というのが個人的に妥協できないことかもしれない。「喫煙しない人としかデートしたくない」という場合もある。自分にとって妥協できないことは、道徳的に正しい必要はなく、間違っていても問題ない。あなた自身やあなたの個性、あなたの投資を守るためのものである。自分なりの妥協できないことを知っていれば、核となる価値観や目標においてもっとも相性のよい人と健全な恋人関係や友人関係を築くことができる。

A　謝罪せずに主張する

ＨＳＰは自分の考えや感情、反応について謝ることが癖になっている。自分の権利を守ることに罪悪感をもつことなく、自己主張することが大切だ。謝れば、不公平な行為や不当な行為に抗議する権利が損なわれ、立場が弱くなる。自己主張のもつ力を軽視することなく、穏やかに、理性的に自分を主張してもいい。何か過ちを犯したときにだけ謝ろう。実際に失敗したというより、理想的とは言えない状況になったことについて言及するときでさえ、「すみません」と言う癖があるなら、「これは謝罪が必要？」と日々自問する習慣をつけよう。あるいは、「すみません」を「残念です」に置き換えるようにしよう。そのような状況になったことに失望を表してもいいが、個人的に責任がないなら、だれにも謝罪する義務はない。

R　異議を唱えられたら繰り返して強化する

どのような境界線でも、はじめは問題の発生する可能性があるが、相手がナルシシストの場合はなおさらそうだ。そんなときこそ、有害な人がどれほど反論しようとも、すでに説明した

「壊れたレコード作戦」を実行して、境界線を堅持しつづけよう。また、これもすでに説明したように、同じことを繰り返し言うことの効果は、相手のタイプによって異なる。悪性のナルシシストに対しては、繰り返すことはかならずしも必要ではない。というのも、彼らには反省する気がないからだ。自分の境界線を決め、境界線を侵害した場合にはその結果を一貫して示すことによって（あなたの不在や、もし認められたら法的な結果の形で）、行動を通して自分自身を繰り返し主張するほうがはるかにいい。

Ｉ　安全に現実的に設定する

自分の境界線が何かを知るだけでは十分ではない。実際に運用しなければならない。自分にとって何がもっとも安全で現実的かを念頭に置いて、境界線を設定しよう。それには試行錯誤しながら、特定の状況や人に対して何がもっとも効果的かを見きわめる必要がある。悪性のナルシシストではない相手との恋人関係や友人関係に、すでにかなりの投資をさせられている場合は、一線を引いていい。その境界線に気づかせ、もし踏み込んだらどうなるかを相手に知らせるのだ。たとえば、当てにならない友人に、特定の期日までに計画を確認してくれないなら、ほかの人といっしょに行くつもりだと伝えて、線を引いてもいい。

とはいえ、すぐにでも一線を引くのが適切な状況もあれば、その境界線を口には出さず暗にわからせたほうがよい場合もある。たとえば、「見下したような態度で話してくる相手はだれであろうと許せない」というのがあなたの境界線である場合、はじめてのデートで相手があなたを侮辱したら、すぐにデートをやめて二度と会わないほうがいいかもしれない。この状況で、そうする価値があると思うなら、帰る理由を説明するという選択肢もあるが、まだ投資が行われていない早い段階で、よく知らない人にそこまでする必要はない。

実際、境界線について口には出さずに適用するのが最善の状況もある。それはどんな場合か？　まだ相手のことをよく知らず、相手が何をするか、わからない場合だ。先ほどの例では、まだ関係ができてもいないうちに、相手はあなたの境界線の1つを侵害している。もしこの人物が、人間関係のごく初期段階で——蜜月期間で、すべてが理想的で前向きであるはずの時期に——人としての礼儀や敬意の基本的なルールさえわきまえていないとしたら、コミュニケーションを続けてもまったく意味がない。そんな相手を直したり変えたりするのは、あなたの責任ではない。この人物はおとなで、自分の行動に責任がある。あなたのするべきことは、こうした有害な経験をしたら速やかにその場を離れることだ。

悪性のナルシシストは、早い段階からあなたの境界線を試すようなことをする。「ノー」という言葉は完結した文であり、交渉への誘いではないことを忘れてはいけない。あなたの「ノー」をしつこく突破しようとする人がいたら、それは自分の欲求を満たすためなら、あなたの境界線を侵害することなど意に介さないということを雄弁に物語っている。

E　尊重されない場合はその場を離れる

境界線がたえず無視されたり、危険信号が見えたりする場合は、その状況から安全に離れることが重要だ。これは別の仕事を探しながら、有害な職場から離れる方法をあれこれ考えるようなものだ。セラピストや、DVから逃れるためのシェルターの支援を受けて、虐待者から安全に離れる計画を立てるのにも似ている。だれかがあなたの境界線や権利を尊重することを拒否したら、立ち去る準備をしよう。他者の機能不全という汚水にまみれて生きる必要はない。

S　自分を守りセルフケアを優先する

多くのHSP、とりわけ子ども時代に虐待や心理的ネグレクトを経験した人は、他者の欲求を満たすためにしばしば自分自身の欲求をなおざりにする。「救世主コンプレックス」を抱き、それによって他者を助けにかけつけたり、日常的にお世話係の役割を果たしたりするように駆りたてられる。依存症や精神疾患を抱える親に育てられた場合はとくに多い。

HSPはその強い感受性と高い共感力によって、他者の献身的な救世主となるが、自分自身を救うのを忘れてしまう。この心の構造が、健全な境界線を引く能力の邪魔をする。自分には他者を「直す」責任があると信じて、結局は得るもののない有害な関係に投資することになる。こうした一方的な関係から利益を得るのは、HSPから際限なく与えられつづけている人だけである。相手が毒のある人物の場合は、自分自身のセルフケアを優先することが重要だ。あなたはだれかの個人的なセラピストではない（あなたが実際にセラピストの場合は別だ。ただし、その場合もクライアントとのあいだに職業上の境界線が必要となる）。自己中心的ということでもない。じつのところ、あなたが自分の幸せを第一に考えれば、そうは考えずに自分のもてるものをすっかり使い果たした場合より、もっと精力的に、効果的に他者を助けることができる。

この「ＢＯＵＮＤＡＲＩＥＳ」は、あらゆるタイプの毒のある人に対処するための一般的な指針を示したものだ。そのため、あなたの相手が良性か悪性かによって手直しする必要がある。いずれにしても目標は、無力なＨＳＰから力強いＨＳＰに変わることである（両者の違いをわかりやすく示したチャートをhttp://www.newharbinger.com/45304で確認しよう）。

書いてみよう

境界線の強化を思い描く

過去に境界線が侵害されたときのことを考えよう。どんな気持ちになっただろうか。そのときと同じように、次に境界線が侵害されたら、あなたは何ができるだろうか。

（例）毒のある友人が私の境界線を無視して、冗談をよそおって私の悪口を言いつづけた。不愉快だと伝えたにもかかわらず、彼女は悪口をやめなかった。この先、だれかが私の悪口を言ったり失礼な態度をとったりしたら、一度だけ、やめるチャンスを与えるつもりだ。もしやめなかったら、その友人関係から距離を置くか、相手との接触をすべて断ち切ろうと思う。

HSPから毒のある人への手紙

私がこれまでに公開したなかで最も人気のあるツールの1つは、世界中の共感する心ある人の胸に響いた。それは、私たちHSPから世界中の毒のある人への手紙だ。心に迷いの生じたときは、この手紙を参照して、境界線がなぜ重要なのか、セルフケアがなぜそれほど必要なのかを思い出してほしい。

私は人を助けることが大好きですが、あなたの人生を修復したり、あなたの毒性に応えたりする責任はありません。平和を守るために、細心の注意を払ってあなたの聞きたがる言葉を口にして、あなたの感情が爆発しないように引き金を制御する責任はありません。私はあなたの感情を受け止めるサンドバッグでもなければ、あなたの感情を吸収するスポンジでもありません。あなたの楽しみのために存在しているわけでもなければ、あなたの痛みを投影する対象として存在しているわけでもありません。私は私自身に対して責任があります。私らしく、私自身に忠実でありつづけることに責任があります。そして、自分の傷を癒やし、自分の引き金を制御するために、セルフケアに取り組むことによって、消耗することなく、真の意味で他者に与えることができるようになる責任があります。私の責任は、健全な境界線を維持すること、とりわけ不健全な人とのあいだの境界線を維持することです。

書いてみよう　境界線を引く権利

あなたが自分に言い聞かせたいことを書いて、次の2つの文を完成させよう。

私には、「　　　　　　　　　　」という権利がある。

(例)

- 私には、「ノー」と言う権利がある。
- 私には、考えを変える権利がある。
- 私には、敬意をもって扱われる権利がある。
- 私には、求めていない意見や求めていない助言、圧力、個人攻撃を拒絶する権利がある。

・私には、虐待される有害な関係から逃げ出す権利がある。
・私には、たとえ他者が同意しなくても、自分の信念や好み、意見をもつ権利がある。

私は自分を守るために、「　　　　　　　」しても問題ない。

（例）
・私は自分を守るために、約束をキャンセルしても問題ない。
・私は自分を守るために、ひとりの時間をもって、くつろぎ、英気を養っても問題ない。
・私は自分を守るために、毒のある友人関係を断ち切っても問題ない。
・私は自分を守るために、途方に暮れたときは助けを求めても問題ない。
・私は自分を守るために、ほめ言葉は受け取り、侮辱は拒否しても問題ない。
・私は自分を守るために、自分自身と自分の直感を信じても問題ない。

（備考）このエクササイズの完全版は、http://www.newharbinger.com/45304で見ることができる。

3つの危険信号

パートナーや友人、同僚、上司、家族の相性や潜在的な毒性を評価する際には、次に挙げる状況で長期的に見て、相手が何に目を向けるかを確かめよう。

1. あなたが大きな夢や成果について話すとき、相手は一貫して励ましたり応援したりするだろうか。それとも、足りない点に注目して、あなたを密かに軽蔑したり、不安をあおるような批評をしたりするだろうか。
2. あなたが悪戦苦闘していることを話題にすると、相手はあなたに関心を向けて、気持ちに寄り添ってくれるだろうか。それとも、自分自身に注意を戻したり、あなたを侮辱したり批判したりして、話す前よりも気分を害するだろうか。
3. あなたが人生の節目を祝うとき、相手はあなたの喜びを分かち合って、特別な機会をさらにすばらしいものにしてくれるだろうか。それとも、あなたの幸せを軽んじたり、しぼませたり、妨害したりするだろうか。

3回違反したらアウト

付き合いを続けるべきか迷ったときは、マーサ・スタウトの著書『良心をもたない人たち——25人に1人という恐怖』（Stout 2005）からヒントを得た「3回違反ルール」に従おう。あなたを一度不当に扱ったら、それに対処したうえで、少し離れてふたたび同じことをするかどうか観察しよう。二度同じことをしたら、相手にはあなたの境界線を尊重する気はないということだ。関係への投資から手を引きはじめよう。三度したら、完全に関係を断とう。

新しい出会いがあったら、早い時期にこのルールを取り入れよう。そうすれば、生涯続く痛みを抱えずにすみ、誤った相手に長期にわたって投資するのを防ぐことができる。また、羊の皮でプレデターの本性を隠したオオカミを避けるためのいい手段にもなる。早期に危険信号に気づいたら、すばやく効果的に境界線を引くことができる。

やってみよう　**基本的なセルフケアのチェックリスト**

あなた自身とのあいだの境界線も重要だ。自分自身にどう語りかけるか、自分自身のケアをどうするか、基本的なセルフケアをしているかという観点から、自分に対する境界線が必要である。この境界線が、気分のいい日とストレスの多い日を分けるという基本を忘れないようにしよう。次に挙げたチェックリストのコピーをとるか、パソコンやスマートフォンで打ち直すかして、あなた自身の基本的なニーズを満たすために、毎日すべての項目にチェックを入れられるようにしよう。

- □ 今日、食事をしたか。
- □ シャワーを浴びたか、あるいは入浴したか。
- □ 散歩に出かけて、新鮮な空気を吸い、日光を浴びたか。
- □ ネガティブな心の声に穏やかに抗議したか。
- □ 何か身体を動かすようなことをしたか。
- □ 少し片づけをしたり、どこかを整理整頓したりして、環境を改善するようなことをしたか。
- □ 感謝していることを5つ挙げたか。
- □ 瞑想をしたか。
- □ 自分自身に思いやりを向けたか。
- □ 自分の感情を認めたか。

第6章

武器を備えよう

――日常でできるセルフケアとリフレーミング

Prepare Your Arsenal: Self-Care Strategies and Reframing Skills for Everyday Life

ＨＳＰは感情に基づいて思考したり反応したりするが、物事の捉え方を変えるリフレーミングのスキルを身につければ、他者を喜ばせようとして言いなりになってしまう癖や、自己主張を弱めてしまう自己破壊的な思考につながる有害な思い込みを修正することができる。境界線を引く能力や、状況に対する見方を変えて対立に対処する能力は、幸せになるために欠かせない。

じつのところ、ＨＳＰは毒のある人に対して鋭い直感が働く。他者の心の状態をすばやく察知し、環境のわずかな違いに気づいて、目の前の状況を正確かつ詳細に評価するからだ。問題は、ＨＳＰがたえず敏感すぎると言われつづけてきたせいで、あとになって他者よりも自分自身を疑い、自分を責めることである。とくに虐待行為など、他者の有害な行為に対して自分に非があると思わないようにすることはきわめて重要だ。相手は私たちが自分を守る方法を探るのではなく、不健全な状況に留まるようにガスライティングする。他者を操ろうとする人にうっかり力を貸すことになるような考え方を疑問視できなければ、有害な状況から逃れることは難しい。

HSPの多くは「自分の経験を認めてほしい」「繊細さを尊重してほしい」「痛みに耳を傾けてほしい」と願い、カウンセリングやコーチングに通いはじめる。しかし、不幸なことに、そこで教えられる特定のリフレーミングスキルが、HSPの状況把握をさらに否定するような誤った使われ方をすると、その願いはかなうとはかぎらない。そこで本章では、HSPが自信を深め、境界線を引き、健全な自己主張をして、対立に対処できるようにするために、セラピーの手法をHSPに合わせた形でいくつか紹介する。あなたの経験や感情、直感を無視することなく、害のある思い込みをリフレーミングできるはずだ。

リフレーミングは、状況に対する「誤った」見方を生み出す認知の歪みを修正するためにしばしば利用される。この歪んだ考え方は一見、的確で筋が通っているようでも、実際には私たちをネガティブな思考に閉じ込めてしまう。そのネガティブな思考の網が自分自身によって紡がれているのか、それとも毒のある人物によって紡がれているのかは関係ない。HSPにありがちな認知の歪みをいくつか見ていくなかで、あなたにも身に覚えがないか確認しよう。

黒か白か両極端な考え方をする

白黒をはっきりさせる考え方は、状況の複雑さやニュアンスを考慮することなく、何かを「全面的によい」「全面的に悪い」とみなす原因になる。ＨＳＰは自分自身に対してもこの考え方をする。マニピュレーターに対しては、その表面的で口先だけの魅力と偽りの仮面のせいで、警告となる行動を見逃し、全面的によい人だとみなす。実際の反応ややりとりには別の側面があっても気に留めず、自分自身のことは過敏で反応しすぎと考え、マニピュレーターのことは論理的で落ち着いていると考える。しかし、私たちは持ち前の直感力で、文脈や人間の微妙な差異を察知することができる。過剰に反応してしまう場面もあるかもしれないが、たいていは毒のある人の行動や意図を正しく見抜いていると認識する必要がある。

些細な問題を大惨事のように考える

この歪みがあると、状況に対する認識や、そこからネガティブに導き出された結末が誇張される。ＨＳＰは自分を貫くために立ち上がった場合の結果を大げさに考える傾向がある。衝突することへの不安は、他者に気に入られなければ永遠にひとりぼっちになるよう運命づけられるのではないかという恐怖につながる。そんなとき、こんな心の声が聞こえる――「彼女に反論するなんてできない。上司なんだから！　意見が合わないと、きっとひどく侮辱される！　身の破滅だ！」「彼には断れない。機嫌を損ねたら、もう二度とこんなチャンスはまわってこない！」。私たちは親密な関係が終わることを恐れて、たとえそれがどんなに有害な関係でも、自分の境界線を取っ払って全力で維持しようとする。

特定の個人へ向けたものと考える

これには、他者の選択や好み、偶然の出来事を自分へのあてつけと考えることも含まれる。たとえば、何かを断られると、それをあなたの価値や魅力の指標と捉え、自分が好ましい人間であることを示す根拠のことはすっかり忘れてしまうかもしれない。あるいは、だれかが毒のある反応をするのは自分のせいだと感じたり、だれかの感情を静めるのは自分の責任だと感じたりするかもしれない。あなたの相手がマニピュレーターで、自分の虐待行為をあなたのせいにしたり、あなたが挑発したからだと言い張ったりする場合に多い。ＨＳＰは「感情のお世話係」の役割を生き、他者の行動や反応の責任を本人に負わせることを忘れている。

心を読む

この認知の歪みは、自分には相手の気持ちや考えがわかると思い込むことである。HSPはしばしば自分の倫理観や良心を、まったく異なる感じ方、考え方をする毒のある人に投影する。しかし、より正確に「心を読む」ための有効な方法は、相手の言葉やあなたの願望を投影したその人物の虚像ではなく、相手の行動やパターンを観察することだ。行動こそが雄弁に物語る。あなたが「ノー」と言っても、気が変わるように執拗に働きかけてくるだろうか。あなたに嫌がらせやストーカー行為をして、すぐに激怒するだろうか。あなたのことが最優先だと言いながら、熱い態度と冷たい態度を繰り返すだろうか。魅力的な善意の仮面と有害な行動とのあいだに大きな隔たりのある場合、相手は本人が主張するような人間ではないことを示す明白な判断材料となる。

自分自身に関する認知の歪みをリフレーミングする方法

自分自身に関する認知の歪みを疑い、ポジティブな認知に変えるための簡単な４ステップを挙げる。

1. このステップで向き合う認知の歪みを決める。
2. その歪みを肯定する根拠と否定する根拠の両方と、その思い込みをもつきっかけになったと思われる出来事（たとえば、両親から思い込みを受け継いだ、子ども時代の体験の影響、過去の人間関係の影響など）を何でも書き出す。
3. その歪みを、よりバランスの取れた視点をもたらす枠組みで捉え直す。
4. そのバランスのよい視点に立って、自分にポジティブな影響を与えるように行動を変える方法を見きわめる。

私は仕事を通してＨＳＰの多種多様な歪んだ思考パターンに出会ってきたが、代表的な３つを選んで、リフレーミングが実際の場面でどのように行われるかを示したい。ただし、これらは単なる例に過ぎないということを念頭に置いてほしい。あなたの認知の歪みはまったく異なる可能性があるため、あなた自身の経験やニーズに合わせて内容を調整する必要がある。

サンプル１「自分を信じられない」

これを肯定する根拠――子どものころ、自分の見たこと、聞いたこと、感じたこと、体験したことを信じることはできないと思い込むようにガスライティングされた。以前、毒のある人たちが自分の人生に関わるのを許してしまい、利用された。

これを否定する根拠――その人たちとはじめて会ったとき、居心地の悪さと脅威を感じた。何かがおかしいと感じたのに、自分の直感が語ることに耳を傾けなかった。全身で危険を感じたのに、疑心暗鬼になっているだけだと片づけてしまった。直感を無視したことが何度もある。

リフレーミング――過去に利用されたことがあるからといって、自分が信用ならないとはいえない。実際に多くの直感は的を射ていたが、害のある行動や危険信号から目をそらして、直感に従わなかっただけだ。今では自分を信じて、その気になればよりよい判断を下せることがわかった。

行動の変化――こんど何か直感が働いたら、合理化したり否定したり過小評価したりすることなく、その直感を信じてみようと思う。身体が語りかけてくることに耳を傾け、それに応じて行動するつもりだ。

サンプル２「嫌われるからノーと言えない」

これを肯定する根拠――子どものころ、不当な要求に従うことを拒否して、親や先生など立場のある人から罰を受けたり、同級生から仕返しをされたりした。私の人生には過去に、私が自己主張すれば、関係を終わらせると言った人もいた。「ノー」と言うことには、叱られたり圧力をかけられたり非難されたりするリスクがある。

これを否定する根拠――私の人生には、私の希望を尊重し、私の困った様子を察知したら、無理強いしたり言うことを聞かせようとしたりしなかった素敵な人もいた。私が自分を守るために立ち上がったときに去っていった人たちは、結局、ほかの人を利用する詐欺師になった。

リフレーミング──「ノー」と言ったからという理由で私に罰を与えようとする人は、まさに境界線を踏み越えてくるタイプで、私の人生には必要ない。私の希望を尊重し、困惑しているのがわかったら無理強いしない人は大勢いる。長い目で見れば、自分を守るために「ノー」と言うことは、自分に役立つことであり、他者を利用しようとする人から身を守ることになる。

行動の変化──「ノー」と言ったことに対してだれかが怒ったような反応をしたり、しつこく私の気持ちを変えようとしたら、相手に毒のある証拠だとみなすつもりだ。

サンプル3「だれもが最善を尽くしているのだから批判してはいけない」

これを肯定する根拠──私は過去に、自分も含めて、他者の気持ちに寄り添えるのに誤った行動をしてしまった人を知っている。思いきって彼らの行動を注意したところ、態度を改めてくれた。

これを否定する根拠──害になる行動パターンをずっと続けている人も大勢知っている。どれほど私が傷ついたかを伝えても、謝りもしないし、態度を改めようとする具体的な行動を何1つとらなかった。最善を尽くそうとしたとはいえない。彼らは自分の利益にしか関心がなかった。

リフレーミング――世の中には、最善を尽くしていても過ちを犯してしまう、思いやりのある人もいる。でも、こうした相手の身になって行動できる共感力のある人と、自分の破壊的な行動の責任をめったにとらない毒のある人との違いが、私にはわかると信じている。後者のような人には二度目のチャンスを与える必要はない。

行動の変化――「だれもが最善を尽くしている」という月並みな言葉をみんなに当てはめるのではなく、過ちを犯しただけの人と、自分の行動に責任をとることなくたえず私を傷つける人を区別するつもりだ。後者の人とは境界線を引いて、接触を控えようと思う。これは他者を一方的に決めつけるということではなく、真の姿を見きわめるということだ。私にとって健全な人と毒のある人を見分け、それに応じて態度を決めるつもりだ。

認知の歪みをリフレーミングする例は、ほかにもhttp://www.newharbinger.com/45304で見ることができる。4ステップのプロセスも見られるので、リフレーミングの練習を自分ですることができる。HSPにとって核となる、境界線を強化するという課題にリフレーミングを適用するためのガイドもある。

苦悩への耐性と対人関係の有効性を高めるためのライフスキル

リフレーミングの技術は、あまり自分のためにならない根深い思考の癖や思い込みに対処するためには有益だが、ＨＳＰにとっては、激しい感情をもたらして心身ともに大きな負担となる対立の多い社会状況に対処するための具体的な戦略も必要だ。そのような状況に立ち向かうために、マーシャ・リネハンによって開発された弁証法的行動療法（ＤＢＴ）からヒントを得た（Linehan 2014）、多様なライフスキルを次に紹介する。ＤＢＴは、強い感情に圧倒されて苦しむ、傷つきやすい人に対する有効性が証明されている。

ライフスキル①――マインドフルネス

マインドフルネスは、一度に1つのことにだけ集中することによって、今この瞬間に自分をつなぎとめる技術である。仏教の禅の教えを取り入れたマインドフルネスは、落ち着いて、痛みのなかで呼吸を整え、周囲で起こっていることに対して一方的に決めつけることなく注意深く観察し、自分が感じていることを描写し、起こっていることに十分に向き合って関与するように私たちを促す。

マインドフルネスの実践例

- 会話が白熱したら、呼吸を整えるために5分間の休憩をとり、いつもの落ち着きに戻ってから、会話を続けるようにする。
- あらたな社会生活の場で圧倒されることのないように、五感を働かせて周囲を観察し描写することによって、自分を落ち着かせる。
- 相手の表情や口調、周囲の環境にも注意を向けて、相手の話す内容に積極的に耳を傾けることによって、社交の場で今この瞬間に意識を戻す。
- 自己判断による思い込みから少しずつ解放され、周囲のすべてに意識を向けられるようになる。
- 依存や強迫行為への渇望に気づいたら、衝動が起こってから過ぎ去るまでの満ち引きを視覚化することによって、感情のままに衝動的に行動することを減らす。

やってみよう

マインドフルネスの実践

脚を組んで楽な姿勢で座り、深く長い呼吸を10分間続けよう。あなたの周囲には何の音や匂い、色があるだろうか。あなたは何を感じているだろうか。どんな考えが浮かんでくるだろうか。湧いてくる感情や思考を批判せず、ただ川を流れていく落ち葉、雲に書かれた言葉であるかのように思い描こう。

ライフスキル②――感情の調節

このライフスキルを身につければ、心身の健康を維持することができ、傷つきやすさが軽減する。自分の感情に適切な名前をつけて、心の状態を悪化させる障害を取り除くことができるようになる。そして、自分がどのニーズを無視しているか、今この瞬間を改善するために行動を起こし、ポジティブな経験をつくり上げるために何ができるかを評価することに意識を向けられるようになる。とりわけ逆境にあるときに、自分の感情をより適切にコントロールできるようになる。

感情の調節の実践例

- 標準的な睡眠パターンと健康的な食習慣を維持し、身体面からストレスに対する脆弱性を軽減する。
- 毎週または毎日の運動を習慣にして、ストレス発散の手段とするだけでなく、気分を高揚させるエンドルフィンの天然の供給源とする。

- 湧きあがる激しい感情を抑えようとしたり批判したりすることなく、名前をつける。たとえば、「私は今、大きな怒りを感じている」など。
- 圧倒する感情に効果的に対処するために「正反対の行動」をあえてする。たとえば、不安に押しつぶされそうなときは、美しい川辺を静かに散歩するなど、何か心を落ち着かせることをする。

書いてみよう　感情の調節を実践する

あなたがいちばん楽しめるのはどのような運動だろうか。それを毎週の予定に組み込もう。

ライフスキル③——苦悩への耐性と危機管理

このスキルは、とりわけ危機に陥ったり、苦悩を抱えていたり、あるいは引き金が引かれて感情が昂った状態のときに、自分を落ち着かせることをおもな目的としている。危機を乗り越えようとする際は、本書ですでに言及したラディカル・アクセプタンス（あるがままの受容）

という考え方を実践するのがいい。他者の有害な行動に思いを巡らしたり、不当で不利な状況に反応して衝動的に行動したりすることなく、今この瞬間とそこでの自分の感情をニュートラルに受け止められるようになる。その状況を容認することなく、あるがままに身を委ねることは、受動的になるという意味ではない。あなたは自分の環境を改善して人生を変えることができる。受容するとは、状況を、そうであってほしい姿ではなく、ただありのままに受け止めることである。そうすれば、問題に不必要な抵抗や否定を上塗りすることなく、問題に対処するためのゆとりが生まれる。

苦悩への耐性と危機管理の実践例

- 状況のプラス面とマイナス面の両方について考えて、よりバランスのとれた視点を獲得する。たとえば、「好意をもっていた男性に裏切られた。ショックだけど、それと同時に、意外に早く彼のほんとうの性格がわかってほっとしている。この件で人生の教訓をたくさん得た。もう信用ならない人に投資せずに済む」
- 状況に抗わず、ありのままに受け入れる。たとえば、「離婚するという事実をありのままに受け入れよう。心の痛みをありのままに受け入れよう。これがありのままの現実だ」
- 祈りを捧げたり視覚化したりして、自分を落ち着かせ、今この瞬間を改善する（実践例については、本章の「ＶＩＢＲＡＮＴ」に関する箇所で後述する）。

書いてみよう　ラディカル・アクセプタンスを実践する

かならずしも容認する必要はないが、あなたがありのままに受け入れようと思う状況を1つ選ぼう。その状況をあなたの期待どおりにする戦略ではなく、ありのままに乗り越える戦略を書き留めよう。

ライフスキル④——社会的有効性

社会的有効性があれば、対立や社交の場を健全に乗り切る能力が高くなる。また、このライフスキルは適切なときにいかに自分自身や他者を認めるかに焦点があるため、HSPの心の健康に重要な役割を果たす。自信とマインドフルネスをもって自分の要求を主張すると同時に、適切に境界線を引くことができ、黒か白かという極端な考え方に陥るのではなく、他者の視点で物事を見られるようになる。

社会的有効性の実践例

- 巧みに立ちまわって、難しい相手に自分の要求を満たしてもらう。

- 虐待者のいる不健全あるいは危険な状況から安全に抜け出す計画を立てる。
- 相手の立場で考えられる人に、自己主張をする。
- 引き下がることなく、効果的に境界線を引く。

書いてみよう

社会的有効性を実践する

あなたの人生で手強い人物を1人思い浮かべて、その人にあなたの要求を満たしてもらうにはどうすればよいか、考えよう。

HSPがライフスキルを身につけるための2つの頭字語

ライフスキルの概要は前述したとおりだが、それらを身につけていく際に、あなたを成功へと導くのに役立つツールをいくつか紹介したい。最初は「CREATES」で、セラピストが「賢い心」と呼ぶ状態になり、困難な感情や状況に効果的に対処できるようになる。これらのステップを通して、苦悩耐性スキルを養えば、危機をうまく乗り越えられるようになる。

C　コミュニティ（Community）
R　猶予（Reprieve）
E　進歩を評価する（Evaluate progress）
A　行動（Action）
T　コントロールを取り戻す（Take back control）
E　楽しみ（Enjoyment）
S　感覚（Senses）

C　コミュニティ

危機に立ち向かうには、人生の2つの重要な側面、つまり感謝と恩返しに関心を移すことがきわめて効果的だ。HSPの共感は深いため、社会に貢献することが自分の才能を最大限に活用することであり、自らの痛みを意義のある目的に変えることになる。助けを必要としているすべての人々のことを思い浮かべて、自分自身の「助けたい」という欲求が満たされていることに感謝の念を抱けば、心の健康が増進する。また、そうすることで関心が毒のある人からより多くの人々の利益へと移り、献身的な性格を発揮してエネルギーを注ぐのにふさわしい人々との社会的なつながりが強化される。

コミュニティに貢献するには、チャリティーに寄付したり、自分が心を寄せる理想や活動について認識を広めるウェブサイトを開設したり、逆境にある人を助けるために本を執筆したり、ボランティア活動をしたり、友人や恵まれない人に手助けを申し出たりしてもいい。まわりの世界をよりよくするために力を貸す方法は無数にある。広い視野で関心をもとう。

R　猶予

これは短期間、心理的に距離を置くために、一時的にその状況を遠ざけるという意味である。猶予を得るために、その状況から自分を守る何らかの物理的な防壁を視覚化したり、一時的にその状況を「箱」のなかにしまったりして、反芻しないようにしてもいい。最終的には向き合わざるをえない感情に対して、長期的な解決にならないことは明らかだが、苦悩と対峙する準備が整うまで、束の間の休息を得ることができる。

E　進歩を評価する

危機的な局面にあり、好転する見込みがまったくないように思われるときこそ、一歩下がって現状を評価するべきときである。自分自身の人生の歩みを通して評価してもいいし、直面する危機が自分で思うほど悲惨ではないかもしれないと評価してもいい。何を基準に評価するかは人によって異なり、さまざまなタイプの評価基準をどう思うかによって異なる。たとえば、10年前の生活と比べて、あるいは自分の境遇よりはるかに恵まれない人の境遇と比べて、現在の生活に計り知れない価値を見出すかもしれない。あなたはすでに痛みに苦しんでいるが、もっと過酷な状況はつねに存在しうる。

ただし、HSPのなかには不幸な状況に思いをはせることでさらに苦痛が増すと感じる人もいるため、自分自身や他者の成功談をもとに評価するほうが好ましい。同じような逆境を克服した人の実例を思い起こせば、意識的に意欲を奮い立たせて、より大きな視野で捉え直し、事態は好転するはずだという希望を抱くことができる。現時点の人生にもポジティブな要素がまだあることがより明確に見えてくるだろう。自分にとって今この瞬間の気分をよくするために効果的な物事の捉え方を見つけよう。

A　行動

少し前にDBTにおける感情調節スキルについて説明した際に「正反対の行動」という言葉に言及したことを思い出してほしい。苦悩の原因となっている感情に効果的に対処する手段として、現在の衝動や気分とは正反対の行動をとることである。この方法を使えば、衝動的な行動を抑制し、沈んだ気分にポジティブな影響を与えることができる。要するに、コインをひっくり返して裏側にするようなものである。これはトラウマに関連する症状を悪化させるおそれのある「回避行動」ではない。むしろ、今この瞬間に一時的に心を落ち着かせるための行動である。たとえば、あなたがとくに怒りを感じるときには、何か心が穏やかになることをしよう

（瞑想のワークショップに参加するなど）。悲しい気持ちなら、幸せな映画やお笑い番組を見よう。

T　コントロールを取り戻す

このステップでは、目の前の課題にしっかりと向き合う準備が整うまでは、その状況について考えないように気を紛らわせ、（引き金を引くことにつながらない）活動に自分をつなぎ留めておくことが大切だ。読書に没頭したり、パズルに取り組んだり、何かクリエイティブな活動をしたりして、コントロールの利く状態に自分を戻そう。助けを求めたり、自分にコントロールできないことではなく、自分に変えられることにふたたび意識を向けたりするために、現実的で小さなステップをブレインストーミングしてもいい。たとえば、もしあなたがひどい別れを経験したばかりなら、家のなかにある元恋人のことを思い出させる物を片づけたり、スマートフォンから元恋人の電話番号を削除したりして、状況のコントロールを取り戻すのもいい。身近な環境から引き金となる刺激を取り除けば、弱っているところへさらに追い打ちをかけるおそれのある毒のある人に連絡をとろうとする誘惑を減らすことができる。

E　楽しみ

気が紛れる楽しい活動をすれば、一時的な安らぎが得られる。毒のある人は、私たちが楽しみではなく苦痛やストレスにとらわれることを望んでいる。だからこそ、私たちの喜びを踏みにじることにあれほど躍起になるのだ。それは彼らにコントロールを奪われることを意味する。彼らにコントロールを握らせてはいけない。生活のなかに当然あるべき健全な楽しみをもつゆとりをつくろう。そうすれば、有害な状況から離れて楽しい休息が得られ、身体が標準的な安全を感じられるレベルに戻ったときに、ふたたび状況と向き合うことができる。気が紛れる楽しい活動の例としては、散歩に出かける、走りに行く、心が落ち着く音楽を聴く、スマートフォンの電源を切る、ヨガのクラスに参加する、買い物に行く、ゲームをする、好きなテレビ番組を見る、お気に入りの趣味に没頭するなどがある。

S　感覚

五感に意識を戻そう。そのためのよく知られた方法は、熱いお湯か冷たい水のシャワーを浴びる、手に氷を握る、手首に通した輪ゴムを弾くなど、感覚を揺さぶり、破壊的な衝動に駆られて勢いまかせに行動することから気をそらすような刺激を加えることである。あるいは深呼吸しながら、見えるもの、聞こえるもの、匂うもの、手に触れるものなど、身のまわりのすべてに注意深く意識を向ける時間をもつだけでもいい。これはとくに周囲の刺激に圧倒されると感じているＨＳＰに有効だ。

書いてみよう　直面している課題に「CREATES」を応用しよう

こんどはあなたが「CREATES」の要素を生活に取り入れる番だ。もしかかりつけのセラピストがいるなら、次に挙げた問いかけに遠慮なくいっしょに取り組み、このツールを発展させて最大の効果をあげてほしい。

C　コミュニティへの意識を高めるために、自分が恩返しできる方法を10個、挙げよう。それらの活動は、あなたの考える生きがいとどのようなつながりがあるだろうか。あなたは何に感謝の念を抱くだろうか。

R　その状況からあなたを切り離し、ゆとりを与えてくれる防壁を想像して、頭を悩ませる厄介な思考から解放されよう。どんな防壁だろうか。

E　次に挙げた質問に沿って、あなたがこれまでの人生にいくつかの分野で成し遂げた成長を現実的に評価しよう。過去に不運な状況やストレスの多い環境に巧みに対処して、最終的にうまく成果を出せた方法は何だろうか。今あなたの直面している困難と似たような苦労をして成功をつかんだ人をだれか思いつくだろうか。あなたの知っている人で、あなたより過酷な逆境にありながら、切り抜けることに成功したように思われる人はいるだろうか。彼らの体験と比べて、あなたが自分の人生について感謝することは何だろうか。

A　あなたが今抱いている感情のネガティブな影響を相殺してくれる正反対の行動をとろう。それらの感情を書き出して、それとは反対の感情を引き出す活動と、活動によって達成したいと思う心の状態をそれぞれ書き加えよう。

T　悩ましい状況であなたがコントロールを取り戻すために今すぐできる活動を、少なくとも1つ考えよう。

E　心の喜ぶ息抜きをして、楽しもう。そのために今すぐできる活動は何だろうか。

S　感覚を呼び覚まそう。五感を書き出して、それぞれについて強迫観念や反芻思考を吹き飛ばしてくれる身体的な活動を挙げよう。

HSPは激しい感情を抱きやすい。とりわけ人間関係の悩ましい状況に置かれるとそうなる傾向がある。次に紹介する「VIBRANT」は、今この瞬間を好転させるために使えるツールで、HSPが苦悩にうまく対処する方法を身につけるために役立つ。

V　視覚化（Visualization）

I　インスピレーション（Inspiration）

B　広い視野（Bigger picture）
R　解放（Release）
A　助けを求める（Ask for help）
N　栄養を摂る（Nourish）
T　タイムを取る（Time）

V　視覚化

直面しているどんな逆境にも見事に対応できている自分を思い浮かべよう。どこかのんびりとした静かな場所に逃避している様子を想像しよう。状況が好転したらどうなるかをブレインストーミングしよう。そうすることで、破滅的な思考にブレーキがかかり、より冷静で落ち着いた自分を感じながら状況に対処できるようになる。

I　インスピレーション

アファメーション（肯定的な自己暗示）や励ましの言葉、これまでにもらった肯定的なフィードバックを通して、意欲や情熱をかきたてよう。そうしたやる気の源をカードに書いてもち歩いたり、スマートフォンにリストを作成したり、額に入れて机に置いたりして、実際に目に見える形にしよう。好きなアファメーションの言葉やお祝いの写真をボードに掲げよう。あなたを突き動かすモットーを磁石で冷蔵庫にくっつけよう。美しい絵やステッカーで飾った自分へのラブレターを書こう。

B　広い視野

あなたの感じている痛みや苦しみに意味を見出そう。強い感情に圧倒されているとき、私たちは学習性無力感に陥ることがある。でも、そうした経験から何を学べるかに意識を向ければ、意欲が湧いてくる。「ひどいデートだった。これから先、ずっとひとりなのかな」と思うのではなく、その体験をこうリフレーミングしよう。「ひどいデートだった。でも、自分が将来の恋愛には何を望まないかがよくわかった。私にふさわしいのは最高に相性のいい人で、妥協する必要はないとあらためて思い知った！」

R　解放

ヨガや瞑想のように、ストレスになる感情を解放し、身体をリラックスさせて休めよう。とくに身体に力が入っているなら、そうするのがいい。トラウマは身体のなかに閉じ込められがちだ。ヨガや瞑想は、ネガティブな状況の影響をデトックスするために有効なはけ口となる。

A　助けを求める

カウンセラーや親しい友人、思いやりのある家族など、信頼できる人に連絡をとろう。他者からの慰めや評価、励ましは素直に受け取ろう。神に助けを求めてもいい。あなたの信仰や精神性にもよるが、心を落ち着かせ、身をゆだね、神の加護を求めるために祈りを捧げてもいい。宇宙やハイヤーセルフ（高次の自己）の導きを求めることもできる。

N　栄養を摂る

自分の心と身体を大切にしよう。健康的な食事をし、十分な休息をとり、ポジティブな情報源だけを消費しよう（回復期には、引き金になるようなソーシャルメディアの投稿、ニュース、毒のある人は避けよう）。一度に1つのことに集中するようにして、マインドフルネスを高めよう。たとえば、栄養たっぷりな食事をしているあいだは、スマートフォンを取り出して仕事のメールを確認したりせず、食事を楽しむことに集中しよう。気が散るものを取り除けば、一度に対処する感情が多すぎるがゆえの不安を軽減することができる。

T　タイムを取る

衝突から離れて、気持ちを落ち着かせる時間をもとう。物理的にその場を離れてもいいし、状況によって数時間か数日間か数週間、精神的に距離を置いてもいい。この時間を利用して、泡風呂を楽しんだり、瞑想したり、自然のなかを散歩したりしよう。週末にはスマートフォンの電源を切って出かけよう。引き金になるものや込み入った会話を避けて、心の準備ができたら、また目の前の状況に戻って向き合えばいい。

書いてみよう

直面している課題に「VIBRANT」を応用しよう

このツールを利用して日常生活のなかでセルフケアを実践すれば、解毒期間がよりスムースに、かつ効果的に進むようになる。

V　視覚化の練習をするために、あなたにとって平穏とはどのようなものかを思い描こう。圧倒されると感じるときは、目を閉じて、これまでに行ったことのあるもっとも穏やかな場所をもう一度訪れるところを想像しよう。

I　これまでにもらった最高のほめ言葉や感想を思い出して、励みにしよう。これまでにもらった最高のアドバイスは何だろうか。あなたがあげた最高のアドバイスは何だろうか。ほめ言葉や励ましをポスターにして毎日見えるようにしたり、スマートフォンに録音して朝晩、聞けるようにしたりしよう。親友になったつもりで、それらの言葉を自分に語りかけよう。

B　あなたが今、経験していることからどんな人生の教訓を得られるかを考えることによって、物事を広い視野で捉え、成長の機会に目を向けられるようにしよう。あなたの苦しんできた痛みを無駄にすることなく、それらの経験にポジティブな光をあててリフレーミングする方法を書き留めよう。

R　解放されるために動き出そう。つらい感情や有害なストレスを発散するために、今すぐできる運動をいくつか書き出そう。

A　いつでも助けを求めていい。今この瞬間に、どんな導きや慰めを聞く必要があるだろうか。

N　気が散ることなく自分自身に栄養を与えるために、今日できる活動をいくつか選ぼう。気が散る原因となるものを、身のまわりからどのように取り除くだろうか。

T　今どこに行けば、自分だけでいられる空間と休息する隙間時間をつくることができるだろうか。

第7章

避難と回復
——HSPのためのさまざまな癒やしの療法

Refuge and Recovery: Modalities for HSPs

毒のある人と関わることによって負ったトラウマを克服するには、自分自身を現在に集中させ、過去の傷を癒やすために、心身に働きかける多様なテクニックが必要である。冒頭でも言及したように、私はそれらの技法を使い、毒のある人たちと難なく渡り合える、よりマインドフルで地に足の着いた人間になることに人生のほとんどを費やしてきた。また、何百人もの読者に傷を癒やすための方法についてアンケートをとったところ、その多くが、これから紹介する方法で毒のある人の影響から見事に立ち直っていると回答した。

HSPが強い感情をコントロールし、危機を乗り越え、今なお生活に影響を及ぼしているおそれのあるトラウマに対処するには、従来の心理療法と補完代替療法の幅広い手法を試してみることが有効だ。本章では、それらの選択肢について、なぜ効果があるのか、どのような効果があるのか、さらに知識を深めるためにはどうすればよいかを見ていく。いつものことながら、あなたやあなたの置かれた環境にもっとも適した方法をより正確に評価するには、かならずセラピストに相談するようにしよう。万人向けの組み合わせはない。ここではただ提案するにとどめるということを理解しておいてほしい。

従来の心理療法

認知行動療法

「認知行動療法（CBT）」とは、不適応な感情、行動、思考を改善するための心理療法の1つである。1960年代にアーロン・ベックによって開発され、うつ病、不安障害、心的外傷後ストレス障害（PTSD）、人間関係における問題など、HSPも抱える可能性のある困難に対する有効性が研究によって示されている。CBTの戦略には、認知の歪みを特定すること、衝突が起きた場合に備えてロールプレイングをすること、自分の不安に向き合うこと、ストレスがかかったときに身体を落ち着かせる方法を身につけること、困難な状況に対して問題解決スキルと対処方法を活用することが含まれる（Clark and Beck 2011）。

HSPにとって、CBTのような心理療法は、親密さや自尊心、安全、信頼、支配、対人関係のトラウマに起因する抑制といった領域での認知の歪みや有害な自動思考、行動パターンを特定するために役立つ。そうした思考や信念は、しばしば見当違いの罪悪感や恥のような「でっち上げられた」感情を生み出し、自己破壊的な行動やPTSDの症状を悪化させる。クライアントは認知再構成法を使って、不正確な思い込みを疑い、認知を再構成するように支援される。その結果、自分自身や他者、社会に対する健全でバランスのとれた信念体系に沿って行動できるようになる。

ほかに、CBTの要素を取り入れた「認知処理療法(CPT)」がある。CPTは、PTSDの症状のある人を対象とした、科学的根拠に基づく心理療法で、クライアントがトラウマや、回避行動につながる「行き詰まりの原因」についての不適応な思い込みを特定し、修正するのに役立つ。また、PTSDのクライアントがトラウマに関する記憶や感情、状況に対して徐々に鈍感になるように支援する「長期暴露療法(PET)」がある。

CBTについて、さらに詳しく知りたい場合は、https://beckinstitute.org にアクセスしよう。また、CPTとPETについては、https://cptforptsd.com、https://www.apa.org/ptsd-guideline/treatments にアクセスしよう。

弁証法的行動療法

「弁証法的行動療法(DBT)」とは、マーシャ・リネハンによって開発された、科学的根拠に基づく手法で、激しい感情、自傷行為、自殺念慮に苦しむ人の支援を目的としている。東洋的なマインドフルネスの手法と認知行動療法を組み合わせた、ユニークで包括的な心理療法である。第6章で見たように、DBTでは、①マインドフルネス、②苦悩への耐性、③感情の調節、④対人関係の有効性という4つの技能に注目する（McKay, Wood, and Brantley 2010）。もともと境界性パーソナリティ障害（BPD）の患者に特化した心理療法だったが、トラウマ専門のセラピストであるアリエル・シュワルツが指摘するように、複雑性PTSDを抱える多くの被害者がBPDと誤診されている可能性がある（Schwartz 2017）。とはいえ、DBTの技法はだれに対しても活用できる。

DBTでは、自分の感情をコントロールし、対人関係保持スキルを向上させ、危機に際しても今この瞬間にしっかりと意識をつなぎとめることができるように支援する。DBTのグループセラピーでは、それまでに身につけたスキルをロールプレイで実践することができ、難しい人とやりとりするための対処法やコミュニケーション戦略も学ぶ。

サイク・セントラル（Psych Central）のCEOであるジョン・M・グロールは、「DBTの理論によれば、このような状況における一部の人の興奮レベルは、平均的な人よりもはるかに早く上昇し、より高いレベルの感情的興奮に達し、基準値に戻るまでにかなりの時間を要する可能性がある」と言う（Grohol 2019）。

興奮レベルと感情的な反応性の高さという点で共通するHSPも、DBTの恩恵を受けられるかもしれない。HSPは環境や対人関係に圧倒されてしまうため、苦悩への耐性や感情の調節に関して同様のスキルを使えば、対立の厳しい状況でも冷静さを保ち、境界線を効果的に引くことができる。自傷行為や自殺念慮、常習的な自殺未遂、自分を圧倒する感情などの問題を過去に抱えたことのある場合は、弁証法的行動療法についてカウンセラーに相談するのがいい。DBTのできるセラピストを探したい場合は、https://behavioraltech.org/resources/find-a-therapistにアクセスしよう。

眼球運動による脱感作および再処理法

「眼球運動による脱感作および再処理法（EMDR）」とは、心理療法の一種で、クライアントはトラウマの原因となった出来事やつらい出来事を思い出しながら、眼球を左右に動かしたり、左右交互に手の甲を軽くたたいたりすることが求められる。1989年にフランシーン・シャピロによって開発された。シャピロはこうした眼球運動に、心をかき乱すトラウマ記憶の強い影響を軽減する効果があることに気づいた。EMDRは「適応情報処理（AIP）」の理論に基づいており、AIPでは、心を乱すトラウマ（逆境的小児期体験や有害な人間関係など）が不完全に処理されたままの状態で記憶に保存されることにより、思考、行動、感情の不適応パターンが起こると考える。そうした心の傷となって残るような体験は、自然な自己治癒と問題解決を可能にする通常の情報処理メカニズムを阻害してしまう。

そこに左右への目の動きやタッピングのような両側性刺激を交互に与えれば、情報処理が制限なく行われるようになり、安全な空間でトラウマを積極的に思い出すように促されるうちに、つらい記憶から徐々にネガティブな印象が薄れていく。ＥＭＤＲには複雑な8段階のプロセスがある。その一環として、トラウマによって生じたネガティブな自己認識や世界についての思い込み（たとえば、「私は愛されない」「世界は安全ではない」など）を特定したり、トラウマによって緊張がいまだ蓄積されている身体の部位をつきとめたりする。クライアントは、それらのネガティブな連想と置き換えるために、より健全な信念を取り入れるようになり、その際にトラウマは本人に有益な形で再処理される。ＥＭＤＲの有効性は、トラウマの被害者を対象としたランダム化臨床試験で実証されている。逆境的小児期体験をもつＨＳＰも、ＥＭＤＲのできるセラピストの支援で子ども時代のトラウマを再処理すれば、心の重荷や激しい感情、日常生活への影響を軽減し、大きな恩恵を得ることができる。ＥＭＤＲについてさらに詳しく知りたい場合や、ＥＭＤＲのできるセラピストを探したい場合は、https://www.emdria.org にアクセスしよう。

感情解放テクニック

「感情解放テクニック（ＥＦＴ）療法」は、１９９０年代にギャリー・クレイグによって開発された。ＥＦＴは鍼療法に酷似し、身体の経路のツボを刺激するが、鍼で刺すことはない。それらのツボは「経絡タッピングポイント」として知られ、軽く叩くと、そこに閉じ込められていたエネルギーが身体中に解放される。これにより、古い破壊的な感情や思い込みを浄化し、より健全でポジティブな信念に置き換えることができる。

ＥＦＴは、ポジティブ・アファメーションと組み合わせることで、私たちの考え方や感じ方のプログラムを作り直すことができる。特定の感情は身体の特定の部位に留まるとされるが、ＥＦＴによって電磁エネルギーが身体中をより自由に流れることができるようになれば、ブロックされたエネルギー（気）が解き放たれる。使用するアファメーションは、クライアントがネガティブな感情を封印しようとする心の働きがあるのを認めると同時に、ネガティブな感情を手放す力が湧いてくるのを感じられるような言葉にする。ＥＦＴについて、さらに詳しく知りたい場合は、https://eft.mercola.com にアクセスするか、クレイグの著書『1分間ですべての悩みを解放する！　公式ＥＦＴマニュアル』（Craig 2011）を読もう。

催眠療法

「催眠療法」では、催眠術を用いて行動や感情の変化を助ける。ＨＳＰは催眠療法を受けることによって、過剰に刺激された神経系を落ち着かせ、ほかの方法では意識的に認識されない可能性のある破壊的な信念体系や条件づけを修正したり、記憶や心の傷を再処理したりすることができる。催眠とは、意識が変性した状態であり、暗示を受けやすく、潜在意識をより容易に再プログラムできるトランス状態のことである。催眠術は、恐怖症、依存症、慢性痛、ＰＴＳ

Dを伴うトラウマ的な記憶の治療に効果がある。居住する地域で資格のある催眠療法士を探したい場合は、https://www.psychologytoday.com/us/therapists/hypnotherapy にアクセスして検索しよう。

集団療法

「集団療法」では、メンタルヘルスの専門家によって守られた安全な空間で、ほかの人も同じようにするのを見ながら、自分の葛藤や不安、トラウマなどについて語る。トラウマからの回復において社会的なサポートがもっとも重要な要素の1つであることが研究によって示されており、グループで行うことに意味がある（Carlson et al. 2016）。DVやトラウマなど、あなたが現時点で悩んでいるテーマに取り組むグループを探して参加することができる。CBTやDBTの集団療法は、グループで建設的なロールプレイングを行いながら、新しく習得したスキルを練習するのにもってこいの場だ。自分の感情を他者に表現することで、有害な関係では決して得られなかったような承認と支援を得ることができ、人間関係のなかで癒やされる体験をすることができる。また、自分が前を向いて進み、セルフケアを続けることに対する社会的責任も高まる。集団療法のグループを探す場合は、https://groups.psychologytoday.com/rms にアクセスして検索しよう。

支援団体

虐待のある機能不全に陥った人間関係に苦しみ、他者とのあいだに境界線を引くことが困難な場合は、あなたを認め、回復への道のりを励ましてくれる支援団体がある。多くのサバイバーが、コーダ（CoDA）のミーティングや、ミートアップ（Meetup）が自己愛性虐待のサバイバーのために主催する地域のグループや12ステップ・プログラム（自己愛の強いパートナーの毒をデトックスしようと苦しんでいる人に役立つ）に参加して、効果を感じている。「HSP」や「エンパス」で検索して、あなたと同じように感受性が強いがゆえに苦しむ人に寄り添うグループを探そう。

非伝統的な補完療法

ヨガ

研究によると、ヨガはPTSDを抱える人にとって強力で効果的な補完療法である（Kim et al. 2013; Rhodes, Spinazzola, and van der Kolk 2016; Zalta et al. 2018）。サバイバーの解離性障害の症状を緩和し、感情調節障害を抑制し、全身の緊張を緩和するのに役立つ。ヨガには、トラウマを負った際に麻痺した身体へ働きかける強い力がある。マインドフルネスを高め、自分の身体における「安全と支配」を実感できるようにし、トラウマを追体験したときに起こる激しい生理的な反応を建設的に受け止めるための手段となる（van der Kolk 2014）。とりわけ身体的虐待や性的虐待の被害者にとって有効であり、精神的な恐怖から立ち直ろうとする人にとって深い癒やしとなる。

私自身はハタヨガやホット・ヴィンヤサ・フローヨガを大変気に入っている。初心者には入門クラスから始めて上級クラスへ進むことをお勧めする。身体にけがや故障がある場合は、リストラティブヨガを検討しよう。

瞑想

トラウマは、脳に特定の変化を引き起こし、感情との関連が強い脳領域と、実行機能や整理、計画、思考、意思決定などの能力を制御する前頭葉とのあいだのコミュニケーションを遮断する（van der Kolk 2014）。さらに、海馬を委縮させ、感情や記憶、学習に関連する脳領域である扁桃体を過剰に活性化させる可能性がある（Morey et al. 2012）。だが、朗報もある。トラウマの影響を受けてしまった脳領域でも、瞑想をすれば神経回路を再配線することができる。ハーバード大学の神経科学者であるサラ・ラザールは、瞑想を8週間、定期的に実践すれば、脳が文字どおり変化して、闘争・逃走反応を引き起こす扁桃体が小さくなり、感情調節と記憶形成を助ける海馬が厚くなることを研究によって示した（Lazar et al. 2011）。また、瞑想によって年齢に関係なく、聴覚などの感覚に関わる脳領域が強化されるだけでなく、前頭葉の灰白質も増加する。

毎日40分間の瞑想を実践すれば、自分の感情や人間関係、全般的な幸福感へのアプローチを変えられるのである。瞑想は無料でいつでもどこでもできる。瞑想では、一般的な思い込みに反して、思考を遮断して無の境地になる必要はなく、むしろ思考が去来するのに任せてそれを観察することが求められる。必要なのは、自分の呼吸に集中しようという意欲と、静かに座って内省できる空間だけだ。

居住する地域の瞑想センターはグーグルやイェルプで調べよう。ここでは、私がフォローしているポッドキャストやチャンネルをいくつか紹介する。瞑想チャンネルもあれば、自己愛性虐待からの癒やしに特化したチャンネルもある。リンクを載せていないものについては、グーグルかユーチューブでタイトルを検索しよう。

- メアリー・マダックス、リチャード・マダックスによる「メディテーション・オアシス（Meditation Oasis）」——私のいちばん好きな瞑想関連のサイトで、私はこれで瞑想を始めた。初心者にも専門家にも有益な内容になっている。https://www.meditationoasis.com
- 「ザ・メディテーション・ソサエティ・オブ・オーストラリア（The Meditation Society of

Australia)」――瞑想のための無料mp3音源をダウンロードできる。https://download.meditation.org.au

ユーチューブ・チャンネル（要検索）

- 「ルーシー・ライジング（Lucy Rising）」――自己愛性虐待のサバイバー向けの瞑想を提供する。
- 「イエロー・ブリック・シネマ（Yellow Brick Cinema）」――瞑想のための一般的なリラクゼーション音楽を提供する。
- 「ジョゼフ・クラフ（Joseph Clough）」――世界的に活躍する講演者であり催眠療法士のクラフが、潜在意識をよりポジティブな状態に再訓練するために役立つ自己催眠瞑想とアファメーションを提供する。
- 「マイケル・シーリー（Michael Sealey）」――人気ユーチューバーのマイケル・シーリーが、不安を和らげるために効果的な睡眠瞑想と自己催眠を提供する。

自然

毒のある人によって私たちのコルチゾールレベルが上昇することがわかっている。でも、ありがたいことに、対抗手段がある。科学的な研究によって、自然に触れるとコルチゾールレベルが下がり、ストレスが軽減し、集中力が改善し、気分が高揚することが証明されている（Berman,

Jonides, and Kaplan 2008; Mayer et al. 2009)。温かい季節に地面を裸足で歩くだけでも、全般的な幸福感が高まり、睡眠が改善し、悩みやストレスレベルが軽減する。「アーシング」に関する理論は、その利点として私たちが裸足で歩くことによって地球の電子とつながることを示唆している。また、ガーデニングにも同様の効果がある。ガーデニングは、自分が内面に望む成長を、植物を通して目にすることができる、きわめてセラピー的でマインドフルネスを高める活動である。

日常的に自然の恩恵を受けるには、午前中か午後の散歩を日課にする、自然の風景が美しい場所へ旅行する、川辺を散歩する、海辺へ行く、ハイキングに出かける、公園や林でジョギングする、戸外でランチをしたりピクニックをするなどの方法がある。温かい季節でなくても、キャンプに行って火をおこす、屋内で暖炉のそばに座る、カーテンを開けて陽光を入れる、雪が降るのを眺める、雨音に耳をすませるなど、自然とつながる方法はいくらでもある。雨や滝、波の音を取り入れた瞑想音楽を聴くのもいい。

マッサージ療法

マッサージ療法は、コルチゾールレベルを下げ、セロトニンとドーパミンレベルを上昇させ、気分を高揚させる。また、気分の落ち込みや不安、イライラ、その他のトラウマに起因する症状を軽減することが研究によって示されている（Field et al. 2005; Collinge, Kahn, and Soltysik 2012）。

気分の落ち込んでいる妊婦やがんに苦しんでいる人、片頭痛に悩まされている人など、支援を必要としている人にとりわけ強い効果を発揮する。このことから、マッサージ療法はトラウマによる身体的なダメージにも有効だと考えられる。いろいろ挑戦してみよう！　ホットストーンやアロマオイル、さらには施術者が癒やしのエネルギーを送るレイキを使ったマッサージを試そう。体全体の緊張を和らげるだけでなく、心の健康にも多くの効果をもたらす。

たとえ専門家であっても、見ず知らずの他人に触れられることをだれもが心地よく感じるわけではない。さまざまなセラピーを試す際は、つねに自分自身の心地よさと引き金になる刺激を考慮しよう。あるＨＳＰにとって有効な方法が、別のＨＳＰにとっては不適切な場合もある。

日記をつける

トラウマは、コミュニケーションと発語をつかさどる脳のブローカ野の活動を弱めるため、私たちは文字どおり言葉を失う（van der Kolk 2014）。多くのトラウマは、脳の非言語領域に閉じ込められ、「凍結」される。日記をつけるという行為は、経験したトラウマについてまとまりのある物語をつくることであり、左脳と右脳の両方を働かせ、両者のコミュニケーションの復活を図る手段になる。表現力豊かな文章を書くことで気分が改善され、ＰＴＳＤを抱える人のその後の成長につながることが研究で明らかにされている（Smyth, Hockemeyer, and Tulloch 2008）。日々の思いや気持ち、それに関連する行動を日記に記録しよう。かかりつけのセラピストがいる場合は、それをセラピストと共有しよう。1日の行動をふりかえって、引き金となる刺激や思考のパターンをつかむ一助となる。

アファメーション

私は大学院で、トラウマのおかげで今の自分があるという「立ち直りの物語」を使うことによって、トラウマを仕事での成功や個人的な成功につなげた、いじめ被害者たちにインタビューし研究した。ポジティブ・アファメーションを利用して今あるネガティブな物語を書き換えることは、ナルシシストなど毒のある人との出会いによって自尊心を傷つけられたHSPに効果がある。アファメーションは本書で紹介するさまざまな癒やしの技法の多くで重要な役割を果たしており、自分自身や自分の可能性、周囲の世界に対する見方を再プログラムすることで、意識していない傷を癒やしに向かわせる重要な方法である。

アファメーションとは、自分自身と自分を取り巻く世界に対するポジティブなメッセージを自分に植えつけることによって、いつものネガティブな思考パターンを遮断するのに役立つフレーズのことである。ポジティブ・アファメーションによってストレス下での問題解決が改善し、自己を肯定することで「心の免疫システム」が保護され、脅威に直面しても自分の価値観にのっとった態度を維持できることが研究によって確認されている（Creswell et al. 2013; Sherman and Cohen 2006）。

自尊心の低さやＰＴＳＤ、あるいは複雑性ＰＴＳＤに苦しんでいる人は、引き金が引かれないようにするポジティブ・アファメーションをつくる必要がある。深刻な自己不信に陥っている場合は、自分に植えつけようとしている新しい信念にゆっくりと近づいていくために、「私は幸せです」ではなく「私は幸せになることを選択します」のような表現にするほうがいいかもしれない。

運動

定期的に運動をする人は、不安や気分の落ち込みに苦しむ可能性が低い（Carek, Laibstain, and Carek 2011）。騒ぎや混乱をもたらす毒のある人への生化学的な依存を別の健全な依存に替えて報酬系に報酬を与え、ストレスレベルを下げるのがいい。継続的な運動を通してエンドルフィンを放出すれば、毒のある人やいじめっ子から与えられる「ドラマ」ではなく、ランニングマシンで汗をかくという「ドラマ」に身体を慣れさせることができる。

ＨＳＰには毎週の、いや毎日の運動計画を立てることをお勧めする。天然の抗うつ剤になるだけでなく、いじめ被害者のＰＴＳＤの症状を改善し、自殺念慮を抑制する効果のあることが研究によって示されている（Fetzner and Asmundson 2014; Sibold et al. 2015）。また運動は、全般的な幸福感と対処能力にも貢献し、トラウマを負った人に新たな希望と決意、前向きな自己イメージを与え、生活の質を向上させる（Caddick and Smith 2017）。

運動は、激しい感情を流す健全なはけ口にもなる。トラウマの専門家によれば、トラウマは私たちの心だけでなく身体にも留まるという。虐待やトラウマの影響で必然的に生じる悲しみ、怒り、痛みなどの強烈な感情を物理的に解放する方法を少なくとも1つは見つけておこう。そうすれば、トラウマに伴う麻痺が起こり、感覚が凍りついてしまうのを防げる。

私自身は、キックボクシング、ヨガ、ダンス、有酸素運動、力の湧いてくる音楽やポジティブ・アファメーションを聴きながらランニングするのが大好きだ。あなたも情熱をもてること、好きなことをしよう。心地よくない活動や疲れきってしまう運動を自分に強いてはいけない。毎日10分間、自然のなかを散歩するだけでも、座りっぱなしでいるよりずっといい。無理をせず、できる範囲で取り組もう。発散するために身体を動かすことが、自己破壊的な行為やネガティブな心の声を招くものであってはならない。あくまでもセルフケアのための運動であるべきだ。

笑い療法

医学研究者のリー・バークによれば、悲嘆はコルチゾールなどのストレスホルモンの放出を誘発し、免疫系の働きを抑制する（Berk 1989）。それに対して、笑いはストレスホルモンを減少させ、ドーパミンなどの気分をよくする神経化学物質を放出する。また、痛みを和らげ、全般的な幸福感を高め、健康面に多くの恩恵をもたらす。ＨＳＰは笑いのもつ癒やしの効果を活用するべきだ。たとえば、ラフターヨガ（笑いヨガ）には、同じ効果が得られるように自発的に笑う要素が組み込まれている。毎日、自分を笑わせる時間をもとう。ネットフリックス(Netflix)でコメディを見たり、インスタグラム(Instagram)でばからしいミーム動画を閲覧したり、即興ショーに参加したり、可笑しかった出来事を思い出したり、面白いビデオや映画を見たり、愉快な本や物語を読んだりしてもいい。とにかく笑えればいい。ユーモアのセンスや好みは人それぞれ異なるため、あなたの笑いのツボをくすぐる、あなたにぴったりのものを見つけよう。

アロマテラピー

アロマテラピーは、気分や健康の向上のために、香りやエッセンシャルオイルを使用する補完代替療法の1つである。香りを吸ってもいいし、希釈したオイルを肌に直接つけてもいい。認定マッサージセラピストでクラニオセイクラルセラピスト(頭蓋仙骨療法士)のスザンヌ・ボヴナイザーによると、私たちの嗅覚は、感情や記憶が保存される大脳辺縁系と結びついている(Bovenizer 2017)。香りをかぐとその脳領域が刺激され、気分を落ち着かせリラックスさせる化学物質が放出される。アロマテラピーは不安の軽減に大きな効果があるが、不安は自己愛性虐待の被害者にとって苦痛の根源となっている。

自宅用のエッセンシャルオイルとディフューザーを購入すれば、いつでもアロマテラピーを楽しむことができる。ほかにも、ヨガスタジオのなかにはアロマテラピーの要素を取り入れたヨガを提供するところがあり、マッサージでもアロマテラピーの要素が組み込まれた施術が多くある。

アロマテラピーにはエッセンシャルオイルもお香もどちらもお薦めだ。ここにいくつか挙げておく（アマゾンで検索できる）。

・アーティザン・アロマセラピー・トップ14・エッセンシャルオイルセット（Artizen Aromatherapy Top 14 Essential Oil Set）
・URパワー・エッセンシャルオイルディフューザー（URPOWER Essential Oil Diffuser）
・アロマテラピー用の線香（オーガニック認証を受けた100％天然のエッセンシャルオイル使用のもの）
・ヴァレリー・アン・ウォーウッド著『ザ・コンプリート・ブック・オブ・エッセンシャル・オイル・アンド・アロマセラピー（The Complete Book of Essential Oils and Aromatherapy）』

鍼療法

認定鍼療法士のニコラス・ジーベンは著書『ストーリーズ・オブ・ヒーリング・エモーショナル・トラウマ・イン・マイ・アキュパンクチュア・クリニック（Stories of Healing Emotional Trauma in My Acupuncture Clinic）』のなかで次のように書いている。「中医学の理論によれば、トラウマは体内で生きつづける。血液や骨に留まって培養され、さまざまな身体的、精神的症状を引き起こす。トラウマを完全に解消するには、身体を解放する必要がある。身体のデトックスが必要なのだ」（Sieben 2013）

鍼療法は古代中国から伝わる癒やしの技術で、身体の特定の箇所に鍼を刺して、さまざまな身体的および精神的な不調を緩和する。体内には「経絡」と呼ばれる、目に見えないエネルギーの流れがあり、主要な12の経脈（十二正経）と、８つの支脈（奇経八脈）がある。鍼療法士は身体の特定のツボに鍼を刺して、患者を悩ませている身体的、精神的な不調の解消を助ける。鍼療法についてさらに詳しく知りたい場合は、https://nccih.nih.gov/health/acupuncture/introduction にアクセスしよう。米国にお住まいの場合は、https://www.nccaom.org/find-a-practitioner-directory で鍼療法士を検索することもできる。

動物介在療法

ＨＳＰは感受性が強いという特性に対して人間から支援を受けることはなかったかもしれないが、動物は無条件の愛情と承認を与えてくれる。動物介在介入（ＡＡＩ）に関する研究と、児童虐待のサバイバーや退役軍人に対するＡＡＩの効果に関する研究を体系的に総括した論評があり、トラウマの補完療法としてＡＡＩを用いれば、抑うつやＰＴＳＤの症状、不安の軽減に有効であることが判明した（O'Haire, Guérin, and Kirkham 2015）。これは、犬や馬、猫、ウサギ、鳥などとふれあうペットセラピーを少しでも体験したことのあるサバイバーにとっては驚くことでも何でもないだろう。

マーガレット・オヘアとその共同研究者らによれば、「動物が介在するという点で、動物の存在そのものが危険のないことを実感させてくれる慰めの役割を果たし、今この瞬間にマインドフルネスを体験するための安全基地として機能すると考えられる」という。PTSDに苦しむ人はしばしば感情の麻痺を経験するが、動物がポジティブな感情を呼び起こし、孤独や孤立感の軽減を助ける「ソーシャル・ファシリテーター」の役割を担う。さらに、動物とふれあうことで自然にオキシトシンレベルが上昇し、毒のある人と関わらなくても、この多幸感をもたらすホルモンの健全な供給源となる。

音楽療法

音楽には、私たちの気分を調整し、真の感情を取り戻し、心拍数と血圧を下げ、ストレスを軽減し、不安の強さをコントロールする力がある。依存症患者の回復を助けたり、統合失調症患者の社会生活上の機能を改善したり、がん治療の副作用を軽減したりするために、音楽がセラピーの一環として利用されることもある。

音楽療法について、認定を受けた専門家から詳しく学びたい場合は、https://www.musictherapy.orgにアクセスしよう。セルフケアの手段として音楽を用いるうえで、HSPは音楽の選択に特別な配慮が必要な場合がある。心を静め、落ち着かせてくれる音楽は、すでに過剰な刺激を受けている神経系にとって癒やしとなる。でも、ＨＳＰにも「パワーソング」がある。元気が出て、ぱっと気分が明るくなり、その日１日を前向きに過ごす意欲をかきたててくれる歌だ。励まされる曲、心穏やかになる曲、リラックスできる曲、元気の出る曲のリストを作成しよう。そして、自分に意識を向けて、ふたたび喜びを感じられる曲を選んで、毎日音楽を聴く習慣をつけよう。

セルフケアのための「MEDICINE」

ＨＳＰとして生きていくなかで、次に挙げる「ＭＥＤＩＣＩＮＥ」の要素を生活に取り入れてこのレベルのセルフケアを維持し、傷つきやすさを軽減しよう。このツールには、感情に圧倒されたり有害な人間関係の影響を受けたりして消耗したときに、自分の健康を無視しがちなＨＳＰにとって、役立つリマインダーが数多く含まれているはずだ。

M　医療の助けを借りる（Medicinal support）
E　食事を大切にする（Eating mindfully）
D　依存性のある物質を避ける（Drug avoidance）
I　精神を大切にする（Intellect）

C　自分のケアをする（Caretaking）
I　自分を尊重する（Idolize）
N　傷と引き金の手当てをする（Nurse injuries and triggers）
E　運動をする（Exercise）

M　医療の助けを借りる

トラウマの影響に苦しんでいる人は、非常に深刻な健康問題や病状を抱えることがよくある。ストレスを脳から身体に伝えるHPA軸が、闘争・逃走反応の起きているあいだストレスホルモンであるコルチゾールを過剰放出するなど、生物学的なストレス伝達経路が長期にわたり活性化することが原因と考えられており、その結果、免疫活性が低下するからだ（Pacella, Hruska, and Delahanty 2013）。身体的な疲労や苦痛の元にある病気や不調に気をつけよう。

書いてみよう　必要な医療の棚卸し

適切なケアと治療が必要な身体あるいは心の症状を書き出そう。それぞれの症状について、服用している薬と、問題が生じた場合にいつでも電話できるセラピストや支援団体、医師の連絡先を書いておこう。また、それらの症状を悪化させる要因と、悪化を防ぐ方法を書き留めよう。問題が起きたりエスカレートしたりしないように事前に手を打つのに役立つ。

E　食事を大切にする

体調を最良に保つために必要な栄養素が枯渇すると、私たちの心は毒のある人から受けた傷から回復することができない。栄養たっぷりの健康的な食事をすることで、総体的な健康を支えよう。栄養士と協力して、あなたとあなたの身体のニーズに特別に合わせた健康的な食事プランを考えよう。たとえば、葉物野菜でつくったジュースを毎日飲む、野菜や果物の摂取量を増やす、乳製品やカフェインの摂りすぎを避ける、水分補給のために1日を通して水をたくさん飲むなどが挙げられる。

書いてみよう　**健康的な食習慣**

あなたの現在の食習慣について健康的だと思うことは何だろうか。改善したいと思うことは何だろうか。健康のために日々の食生活に新しく取り入れたいことを1つ挙げよう。たとえば、砂糖の代わりに無調整のココアパウダーとステビアをデザートに使う、炭水化物をカリフラワーや健康的な脂肪、その他の野菜など低糖質の食品に置き換える、赤身肉の代わりに鶏肉など脂肪分の少ないタンパク質を使う、毎朝コーヒーに入れるクリームをアーモンドミルクに変える、など。

D　依存性のある物質を避ける

有害な人と出会ったがために、一時しのぎの解決策として薬物やアルコール、さらには過剰なカフェインや砂糖を摂取して自分自身を「麻痺」させようとすることがある。処方箋がないかぎり、気分を変える目的で依存性のある物質を摂取してはいけない。アルコールや過剰なカフェインは、感情に圧倒された状態からの回復を妨げ、さらなる問題を引き起こしかねない。

書いてみよう　**過剰な刺激となる依存物質**

治療を受けたい薬物乱用はあるだろうか。気分を改善するためにカフェインやアルコールをどれくらいの頻度で摂取しているだろうか。カフェインやアルコールの過剰摂取をやめるのに役立ちそうな代替手段は何だろうか（たとえば、ハーブティー、運動、低アルコール飲料、フレーバーウォーターなど）。

Ⅰ　精神を大切にする

心をいたわろう。身体が摂取するものと同様に、心が摂取するものを吟味することも重要だ。あなたは毎日どのような考えや信念を心の糧としているだろうか。もしネガティブな心の声が多いなら、それらを日記に記録して、カウンセラーといっしょにその思考パターンをふりかえり、吟味するのが効果的だ。

あなたは心の隙間に何を入れているだろうか。トラウマになるような本を読んだり、ホラー映画を見たり、虐待をしていた元パートナーのソーシャルメディアをチェックしたり、毒のある元友人からのメッセージを読み返したりしていないだろうか。もしそうなら、そうした類の行動は減らすか、なくすかしよう。すべてのソーシャルメディアで彼らをブロックし、コメディや気楽な映画も見るようにして視聴するテレビのバランスをとり、問題提起よりも解決策に焦点をあてた本を読もう。また、あらゆる種類の有害なものの消費を、心の落ち着く瞑想の音源や愛らしい動物のビデオなど、気分を明るくするメディアに置き換えてもいい。

一日中、集中力が低下している場合は、心を乱すネガティブな思考パターンや睡眠パターンを記録して追跡しよう。脳が疲れきってしまうことなく1日を通して情報処理できるようにするには、規則正しい睡眠習慣を確立して十分な休息をとることが大切である。

書いてみよう　**何を消費しているか**

あなたはどのSNSをフォローしているだろうか。それらはどのくらい健全だろうか。あなたは毎晩、何時間の睡眠をとるだろうか。どのくらいの頻度でだるさを感じるだろうか。睡眠環境を改善して、今より心地よくリラックスできる空間にする方法はあるだろうか。寝る前に心の落ち着く音楽を聴いたり、寝室の壁や家具を柔らかい色に変えたり、目の疲れを和らげるために明るい照明の代わりにキャンドルを灯《とも》したり、低反発枕を使ったりすることを検討してみよう。

C　自分のケアをする

必要なものがすべてそろっているかどうかを確認するために、1日を通して自分自身を気にかけることが重要だ。とりわけ有害な人と別れた直後はかならず確認しよう。というのも、相手のお世話係兼〝腹心の友〟から、自分自身のお世話係兼〝腹心の友〟に変わるときだからである。自分を自分のお世話係だと思おう。そして、必要に応じて、ほかの愛する人にサポートを求めてケアしてもらおう。

書いてみよう　**自分のニーズに応える**

お世話係として、自分に思いやりを向けて自問しよう。「今、私に必要なものは何だろう？　食べる？　寝る？　シャワーを浴びる？　友達に電話する？」その答えに応じて実行しよう。

Ⅰ　自分を尊重する

HSPの多くは他者を崇拝することはあっても、同じ敬愛を自分自身に向けることは忘れる。人生において有害な人を神のように崇めれば、自分自身の神性を顧みなくなってしまう。自分自身を励まし、賞賛し、思いやりのこもった関心を向けて、精神の糧としよう。自分自身を尊重し、自分のなかの神性を大切にしよう。

自己啓発書の著者であるルイーズ・ヘイによれば、ミラーワークはそれを実践するのにもってこいの方法だ（Hay 2016）。毎朝、鏡に映る自分の目を見つめて自分をほめよう。「あなたを愛している。大好きだ。あなたはかけがえのない人だ。あなたは尊い。価値のある人だ」と語りかけよう。あるいは、あなたが神や高次の力を信じている場合は、「神は私を愛している。私は神の子だ。私にはすべてがうまくいくとわかっている。宇宙がいつも私を見守ってくれているからだ」と、アファメーションを唱えてもいい。どんなアファメーションでもまったく問題ない。あなたのニーズやスピリチュアルな信念に合わせてカスタマイズすることができる。心の喜ぶアファメーションを自分に与えて、あなたの美しい精神は肉体を超えた存在であることを思い出そう。こうしてポジティブな心のつぶやきを毎日の習慣にすれば、驚くほど自尊心が回復する。

やってみよう　ミラーワーク

鏡を見よう。自分自身を励ますために、どんなアファメーションを言うのがいいだろうか。あなたは自分のどんなところが好きで認めているだろうか。あなたが自分で欠点だと認め、思いやりを向けてもいいと思っていることは何だろうか。

N　傷と引き金の手当てをする

今ある傷を手当てして、悪化するのを防ぎ、適切に癒えるようにしよう。ここで言う傷とは、身体的な傷のことだけではない。生活のなかで感情の爆発する引き金となる可能性のあるすべての状況を事前に総点検して、事態がエスカレートするのを積極的に防ごう。たとえば、フェイスブックで攻撃的な投稿をしている人を友達から削除したり、別れた恋人が住んでいる地域を通学路からはずしたりしよう。精神的な苦痛が大きい場合は、セラピストの追加のカウンセリングを予約しよう。あるいは、とくにストレスの多い日になることがわかっていて、朝、いいスタートを切りたい場合は、いつものように電車で通勤するのではなく、より穏やかな移動手段としてタクシーを選んでもいい。このように「痛手を和らげる」対策をすれば、今ある引き金を手当てする前に傷が悪化するのを防ぐことができる。

書いてみよう　**引き金の制御**

引き金となる刺激を10個挙げて、引き金が引かれるのを防ぐ方法、あるいはその影響を小さくする方法を書き出そう。

E　運動をする

毎日、新鮮な空気を十分に吸って運動をすることで、エンドルフィンが放出され、気分が高揚し、極度のプレッシャーにさらされているときでもバランスのとれた心の状態を保つことができる。そのため運動は、毒のある人と付き合いのあるときに理想的なストレス解消法となる。

また、毎日の運動を習慣にすれば、意地悪な人や他者を利用しようとするマニピュレーターに対して思いきって自己主張する際に、より自信を感じられるようになる。

書いてみよう

エンドルフィンを増やす

あなたは週にどのくらい運動をするだろうか。1日では？　あなたが毎日少なくとも30分間、手軽で便利に身体を動かす方法はあるだろうか（たとえば、近所を散歩する、サイクリングをする、ビデオの振り付けに合わせてダンスをする、など）。屋外と屋内での運動のバランスをとるにはどうすればいいだろうか。

ＨＳＰの利用できる癒やしの技法は多く、本章で紹介したものはすべて、まさにあなたのような人が実践してすでに効果をあげている。あなたの目標は、あなた自身とあなた独自のニーズに合う方法を見つけることだ。従来のアプローチと補完的なアプローチの両方を試してみよう。引き金となるおそれのある方法を試す前には、セラピストに相談することをお勧めする。覚えておいてほしい。あなたが毒のある人の影響から立ち直り、たくましいＨＳＰになる旅において、セルフケアは欠かせない要素である。

葛藤に向き合い、セルフケアに取り組み、毒のある人に有効に対処するためのツールを備えたＨＳＰは、力を得たスーパーヒーローになることができる。きわめて感受性の強い特性ゆえに、ＨＳＰがいかにおのずと感情の捕食者《プレデター》のターゲットになってしまうか、もう理解できたことと思う。あなたは、自己愛の強い人や毒のある人の感情操作術に精通し、そうしたタイプとの関係の依存性について分析してきた。これで警戒態勢は万全だ。

本書が、毒のある人の考え方や行動を理解するのに役立つだけでなく、あなたが感受性の強さの価値を認識して自信をもち、毒のある人に効果的に対処するために必要なヒントや情報を提供できることを願っている。忘れないでほしい。世界はあなたのようなＨＳＰ、つまり与えられた偉大な能力をより多くの人々の利益と自分自身の幸福のために活用できる人を必要としている。とはいえ、まずは自分自身を救い、尊重することを学ばなければ、人を救うことはできない。

謝辞
Acknowledgements

２０１４年にこのテーマで執筆を始めたときから、信じられないほどの支持を寄せてくれた読者の皆さんと、体験を打ち明けてくれた勇気あるサバイバーたちに、心から感謝します。また、子どもたちがアメリカで確実に夢を実現できるように、休むことなく働いてくれた勤勉な両親、レハナとモハメドには特別な感謝を捧げます。妹のタニアは、ライターとしてつねに私の夢をサポートしてくれました。ほんとうにありがとう。そして、長年にわたり私の執筆活動や学術的な成長を方向づけてくれた、すばらしい教授や指導者の先生方にお礼申し上げます。ローラ・ポラン、ジョン・アーチャー博士、アーロン・パラス博士、ホリー・パーカー博士、モーリーン・マクレーン博士、ホープ・ライクター博士、サラ・クライマン博士、ジェームズ・ウレマン博士、エルズワース・フェルシュ博士、エリザベス・マルーフ博士、認定臨床ソーシャルワーカー（ＬＣＳＷ）のルイス・ラソン、ロナルド・コルベット博士、そしてカレン・アドルフ博士、私が専門性を高めていくうえで力になってくださり、ありがとうございました。

本書の内容を丹念にチェックして、かけがえのない激励の言葉を寄せてくれた認定臨床ソーシャルワーカーのアンドレア・シュナイダーには、限りない感謝の意を表します。また、惜しみない支援をしてくれた同志の仲間たち、ジャクソン・マッケンジー、結婚・家族セラピスト（MFT）のピート・ウォーカー、アテナ・ステイク博士、ジョン・グロール博士、アニー・カジーナ博士、認定メンタルヘルスカウンセラー（LMHC）のモニカ・ホワイト、クリスティン・スナンタ・ウォーカー、リサ・A・ロマーノ、キム・サイード、メラニー・バン（文学修士）、認定専門カウンセラー（LPC）のクリス・ゴディネスをはじめ、力強く真実を語る多くの人に、いくら感謝してもしきれません。そして、私の声と文章を何百万人もの読者に届ける場を提供してくれたThought Catalogと、私のメッセージを広めてくれたPsych Centralに謝意を表します。

最後になりましたが、本書を世に送り出してくれたNew Harbingerのスタッフ一同ならびに編集者の皆さまに心から感謝いたします。このすばらしい機会とご厚意をくださったジェス・オブライエン、私の声が読者に効果的に伝わるように熱心に導いてくれたジェニファー・ホルダー、思いも寄らないほどに本書に磨きをかけてくれたシンディ・ニクソンをはじめ、本書のためにご尽力いただいたすべての方に感謝申し上げます。

Suomi, S. J. 2011. "Risk, Resilience, and Gene-Environment Interplay in Primates." *Journal of the Canadian Academy of Child and Adolescent Psychiatry* 20(4): 289–297.

Tatar, J. R., E. Cauffman, E.R. Kimonis, and J. L. Skeem. 2012. "Victimization History and Posttraumatic Stress: An analysis of psychopathy variants in male juvenile offenders." *Journal of Child & Adolescent Trauma*, 5(2): 102–113

Tourjée, D. 2016. "Narcissists and Psychopaths Love to Stay Friends with Their Exes." Vice.com, May 10. Accessed August 10, 2018. https://broadly.vice.com/en_us/article/ezjy3m/narcissists-and-psychopaths-love-to-stay-friends-with-their-exes.

Walker, P. 2013. *Complex PTSD: From Surviving to Thriving*. Lafayette, CA:Azure Coyote.（ピート・ウォーカー著、牧野有可里・池島良子訳『複雑性PTSD――生き残ることから生き抜くことへ』星和書店、2023年）

Walster, E. 1965. "The Effect of Self-Esteem on Romantic Liking." *Journal of Experimental Social Psychology* 1(2): 184–197.

Wang, D. V., and J. Z. Tsien. 2011. "Convergent Processing of Both Positive and Negative Motivational Signals by the VTA Dopamine Neuronal Populations." *PLoS ONE* 6(2).

Warshaw, C., E. Lyon, P. J. Bland, H. Phillips, and M. Hooper. 2014. "Mental Health and Substance Use Coercion Surveys: Report from the National Center on Domestic Violence, Trauma & Mental Health and the National Domestic Violence Hotline."

Watson, R. 2013. "Oxytocin: The Love and Trust Hormone Can Be Deceptive." *Psychology Today*, October 14. https://www.psychologytoday.com/blog/love-and-gratitude/201310/oxytocin-the-love-and-trust-hormone-can-be-deceptive.

Westbrook, C., J. D. Creswell, G. Tabibnia, E. Julson, H. Kober, and H. A. Tindle. 2011. "Mindful Attention Reduces Neural and Self-Reported Cue-Induced Craving in Smokers." *Social Cognitive and Affective Neuroscience* 8(1): 73–84.

Williams, K. D., and S. A. Nida. 2011. "Ostracism." *Current Directions in Psychological Science* 20(2): 71–75.

Van der Kolk, B. 2014. *The Body Keeps the Score: Brain, Mind, and Body in the Healing of Trauma*. New York: Viking.（ベッセル・ヴァン・デア・コーク著、柴田裕之訳『身体はトラウマを記録する――脳・心・体のつながりと回復のための手法』紀伊國屋書店、2016年）

Zalta, A. K., P. Held, D. L. Smith, B. J. Klassen, A. M. Lofgreen, P. S. Normand, M. B. Brennan et al. 2018. "Evaluating Patterns and Predictors of Symptom Change During a Three-Week Intensive Outpatient Treatment for Veterans with PTSD." *BMC Psychiatry* 18(1): 242.

Zwolinski, R. 2014. "The Silent Treatment and What You Can Do to Stop It Cold." PsychCentral.com, November 18. Accessed February 28, 2019. https://blogs.psychcentral.com/therapy-soup/2014/11/the-silenttreatment-and-what-you-can-do-to-stop-it-cold.

M. R. Maniaci. 2010. "Are You Happy for Me? How Sharing Positive Events with Others Provides Personal and Interpersonal Benefits." *Journal of Personality and Social Psychology* 99(2): 311–329.

Rhodes, A., J. Spinazzola, and B. van der Kolk. 2016. "Yoga for Adult Women with Chronic PTSD: A Long-Term Follow-Up Study." *Journal of Alternative and Complementary Medicine* 22(3): 189–196.

Rockliff, H., P. Gilbert, K. McEwan, S. Lightman, and D. Glover. 2008. "A Pilot Exploration of Heart Rate Variability and Salivary Cortisol Responses to Compassion-Focused Imagery." *Clinical Neuropsychiatry* 5(3): 132–139.

Sarkis, S. 2017. "Are Gaslighters Aware of What They Do?" *Psychology Today*, January 30. Accessed February 16, 2020. https://www.psychologytoday.com/us/blog/here-there-and-everywhere/201701/are-gaslighters-aware-what-they-do.

Schrodt, P., P. L. Witt, and J. R. Shimkowski. 2013. "A Meta-Analytical Review of the Demand/Withdraw Pattern of Interaction and Its Associations with Individual, Relational, and Communicative Outcomes." *Communication Monographs* 81(1): 28–58.

Schulze, L., I. Dziobek, A. Vater, H. R. Heekeren, M. Bajbouj, B. Renneberg, B. Heuser, and S. Roepke. 2013. "Gray Matter Abnormalities in Patients with Narcissistic Personality Disorder." *Journal of Psychiatric Research* 47(10): 1363–1369.

Schwartz, A. 2017. *The Complex PTSD Workbook: A Mind-Body Approach to Regaining Emotional Control and Becoming Whole.* Berkeley, CA: Althea Press.

Sherman, D. K., and G. L. Cohen. 2006. "The Psychology of Self-Defense: Self-Affirmation Theory." *Advances in Experimental Social Psychology* 38: 183–242.

Sibold, J., E. Edwards, D. Murray-Close, and J. J. Hudziak. 2015. "Physical Activity, Sadness, and Suicidality in Bullied US Adolescents." *Journal of the American Academy of Child & Adolescent Psychiatry* 54(10): 808–815.

Sieben, N. 2013. "Stories of Healing Emotional Trauma in My Acupuncture Clinic." NicholasSieben.com, January 30. Accessed February 7, 2020. https://nicholassieben.com/stories-of-healing-emotional-trauma-in-my-acupuncture-clinic.

Simon, G. 2018. "Personalities Prone to Narcissistic Manipulation." January 13. Accessed October 12, 2018. https://www.drgeorgesimon.com/personalities-prone-to-narcissistic-manipulation.

Smyth, J. M., J. R. Hockemeyer, and H. Tulloch. 2008. "Expressive Writing and Post-Traumatic Stress Disorder: Effects on Trauma Symptoms, Mood States, and Cortisol Reactivity." *British Journal of Health Psychology* 13(1): 85–93.

Stein, T. 2016. "Narcissist or Sociopath? Similarities, Differences and Signs." *Psychology Today*, August 11. Accessed October 14, 2018. https://www.psychologytoday.com/us/blog/the-integrationist/201608/narcissist-or-sociopath-similarities-differences-and-signs.

Stern, R. 2007. *The Gaslight Effect: How to Spot and Survive the Hidden Manipulations Other People Use to Control Your Life.* New York: Morgan Road Books.

Stout, M. 2005. *The Sociopath Next Door: The Ruthless Versus the Rest of Us.* New York: Broadway Books.（マーサ・スタウト著、木村博江訳『良心をもたない人たち――25人に1人という恐怖』草思社、2006年）

in Depression." *Current Medicinal Chemistry* 23(38): 4317–4337.
Mogilski, J. K., and L. L. Welling. 2017. "Staying Friends with an Ex: Sex and Dark Personality Traits Predict Motivations for Post-Relationship Friendship." *Personality and Individual Differences* 115: 114–119.
Morey, A., A. L. Gold, K. S. Labar, S. K. Beall, V. M. Brown, C. C. Haswell, J. D. Nasser et al. 2012. "Amygdala Volume Changes in Posttraumatic Stress Disorder in a Large Case-Controlled Veterans Group." *Archives of General Psychiatry* 69(11): 1169.
Motzkin, J. C., J. P. Newman, K. A. Kiehl, and M. Koenigs. 2011. "Reduced Prefrontal Connectivity in Psychopathy." *Journal of Neuroscience* 31(48): 17348–17357.
National Domestic Violence Hotline. 2018. "Why We Don't Recommend Couples Counseling for Abusive Relationships." February 18. Accessed October 9, 2018. https://www.thehotline.org/2014/08/01/why-we-dont-recommend-couples-counseling-for-abusive-relationships.
Navarro, J. 2017. *Dangerous Personalities: An FBI Profiler Shows How to Identify and Protect Yourself from Harmful People.* [2nd edition] Emmaus, PA: Rodale.（ジョー・ナヴァロ著、西田美緒子訳『FBIプロファイラーが教える「危ない人」の見分け方』河出書房新社、2015年）
Neff, K. 2011. "The Chemicals of Care: How Self-Compassion Manifests in Our Bodies." HuffPost.com, August 27. Accessed February 8, 2020. https://www.huffpost.com/entry/self-compassion_b_884665.
Newberg, A. B., and M. R. Waldman. 2013. *Words Can Change Your Brain: 12 Conversation Strategies to Build Trust, Resolve Conflict, and Increase Intimacy.* New York: Plume.（アンドリュー・ニューバーグ、マーク・ロバート・ウォルドマン著、川田志津訳『心をつなげる――相手と本当の関係を築くために大切な「共感コミュニケーション」12の方法』東洋出版、2014年）
Odendaal, J., and R. Meintjes. 2003. "Neurophysiological Correlates of Affiliative Behaviour Between Humans and Dogs." *Veterinary Journal* 165(3): 296–301.
O'Haire, M. E., N. A. Guérin, and A. C. Kirkham. 2015. "Animal-Assisted Intervention for Trauma: A Systematic Literature Review." *Frontiers in Psychology* 6: 2.
Olds, J., and P. Milner. 1954. "Positive Reinforcement Produced by Electrical Stimulation of Septal Area and Other Regions of Rat Brain." *Journal of Comparative and Physiological Psychology* 47(6): 419–427.
Orloff, J. 2018. *The Empath's Survival Guide: Life Strategies for Sensitive People.* Boulder, CO: Sounds True.（ジュディス・オルロフ著、桜田直美訳『LAの人気精神科医が教える　共感力が高すぎて疲れてしまうがなくなる本』SBクリエイティブ、2019年）
Pacella L., B. Hruska, and D.L. Delahanty. 2013. "The Physical Health Consequences of PTSD and PTSD Symptoms: A meta-analytic review. *Journal of Anxiety Disorders*, 27(1): 33–46.
Palgi, S., E. Klein, and S. G. Shamay-Tsoory. 2016. "Oxytocin Improves Compassion Toward Women Among Patients with PTSD." *Psychoneuroendocrinology* 64: 143–149.
Pipe, J. 2014. "Stonewalling vs. Empathy." May 1. Accessed February 28, 2019. http://tapestryassociates.com/stonewalling-vs-empathy.
Reis, H. T., S. M. Smith, C. L. Carmichael, P. A. Caprariello, F. Tsai, A. Rodrigues, and

Practices for Posttraumatic Stress Disorder." *Journal of Investigative Medicine* 61(5): 827–834.

Kimonis, E. R., P.J. Frick, E. Cauffman, A. Goldweber, and J. Skeem. 2012. "Primary and Secondary Variants of Juvenile Psychopathy Differ in Emotional Processing." *Development and Psychopathology*, 24(3): 1091–1103.

Klein, S. 2013. "Adrenaline, Cortisol, Norepinephrine: The Three Major Stress Hormones, Explained." HuffPost.com, April 19. http://www.huffingtonpost.com/2013/04/19/adrenaline-cortisol-stress-hormones_n_3112800.html.

Korb, A. 2011. "Boosting Your Serotonin Activity." *Psychology Today*, November 17. Accessed July 1, 2019. https://www.psychologytoday.com/us/blog/prefrontal-nudity/201111/boosting-your-serotonin-activity.

Kuster, M., S. Backes, V. Brandstätter, F. W. Nussbeck, T. N. Bradbury, D. Sutter-Stickel, and G. Bodenmann. 2017. "Approach-Avoidance Goals and Relationship Problems, Communication of Stress, and Dyadic Coping in Couples." *Motivation and Emotion* 41(5): 576–590.

Lange, J., D.L. Paulhus, and J. Crusius. 2017. "Elucidating the Dark Side of Envy: Distinctive links of benign and malicious envy with dark personalities." *Personality and Social Psychology Bulletin*, 44(4): 601-614.

Lazar, S. W., J. Carmody, M. Vangel, C. Congleton, S. M. Yerramsetti, T. Gard, and B. K. Hölzel. 2011. "Mindfulness Practice Leads to Increases in Regional Brain Gray Matter Density." *Psychiatry Research: Neuroimaging* 191(1): 36–43.

Linehan, M. M. 2014. *DBT Skills Training Manual.* New York: Guilford Press.

MacDonald, M., and S. Sherry. 2016. "N.S. Research Lays Out How to Recognize Narcissistic Perfectionists." CTV News, April 22. Accessed February 9, 2020. https://www.ctvnews.ca/lifestyle/n-s-research-lays-out-how-to-recognize-narcissistic-perfectionists-1.2870230.

Marazziti, D., H. S. Akiskal, A. Rossi, and G. B. Cassano. 1999. "Alteration of the Platelet Serotonin Transporter in Romantic Love." *Psychological Medicine* 29(3): 741–745.

Marsh, J., and V. Ramachandran. 2012. "Do Mirror Neurons Give Us Empathy?" *Greater Good*, March 29. Accessed October 12, 2018. https://greatergood.berkeley.edu/article/item/do_mirror_neurons_give_empathy.

Martinez-Lewi, L. 2018. "Are You Married to a Jekyll Hyde Covert Narcissist?" December 5. Accessed June 23, 2019. http://thenarcissistinyourlife.com/are-you-married-to-a-jekyll-hyde-covert-narcissist.

Mayer, F. S., C. M. P. Frantz, E. Bruehlman-Senecal, and K. Doliver. 2009. "Why Is Nature Beneficial? The Role of Connectedness in Nature." *Environment and Behavior* 41: 607–643.

McKay, M., J. C. Wood, and J. Brantley. 2010. *The Dialectical Behavior Therapy Skills Workbook: Practical DBT Exercises for Learning Mindfulness, Interpersonal Effectiveness, Emotion Regulation & Distress Tolerance.* Oakland, CA: New Harbinger Publications.（マシュー・マッケイ、ジェフリー・C・ウッド、ジェフ・ブラントリー著、遊佐安一郎・荒井まゆみ訳『弁証法的行動療法　実践トレーニングブック——自分の感情とよりうまくつきあってゆくために』星和書店、2011年）

Mikkelsen, K., L. Stojanovska, and V. Apostolopoulos. 2016. "The Effects of Vitamin B

Glenn, A. L., and A. Raine. 2014. *Psychopathy: An introduction to biological findings and their implications.* New York: New York University Press.

Gottman, J. M. 1994. *Why Marriages Succeed or Fail: And How You Can Make Your Marriage Last.* New York: Simon & Schuster.

Goulston, M. 2012. "Rage—Coming Soon from a Narcissist Near You." *Psychology Today,* February 9. Accessed February 11, 2019. https://www.psychologytoday.com/us/blog/just-listen/201202/rage-coming-soon-narcissist-near-you.

Greene, R. 2004. *The Art of Seduction.* Eastbourne, UK: Gardners Books.（ロバート・グリーン著、齋藤千春訳『成功者たちの誘惑術——9つのキャラクターと24のプロセス』パンローリング、2018年）

Grohol, J. 2019. "An Overview of Dialectical Behavior Therapy." PsychCentral.com, June 19. Accessed February 9, 2020. https://psych central.com/lib/an-overview-of-dialectical-behavior-therapy.

Gudjonsson, G. H., and J. F. Sigurdsson. 2003. "The Relationship of Compliance with Coping Strategies and Self-Esteem." *European Journal of Psychological Assessment* 19(2): 117–123.

Handlin, L., M. Petersson, and K. Uvnäs-Moberg. 2015. "Self-Soothing Behaviors with Particular Reference to Oxytocin Release Induced by Non-noxious Sensory Stimulation." *Frontiers in Psychology* 5: 1529.

Hasher, L., D. Goldstein, and T. Toppino. 1977. "Frequency and the Conference of Referential Validity." *Journal of Verbal Learning and Verbal Behavior* 16(1): 107–112.

Hatfield, E., J. T. Cacioppo, and R. L. Rapson. 2003. *Emotional Contagion.* Cambridge, UK: Cambridge University Press.

Hay, L. L. 2016. *Mirror Work: 21 Days to Heal Your Life.* Carlsbad, CA: Hay House.（ルイーズ・ヘイ著、宇佐和通訳『ルイーズ・ヘイの鏡のワークブック』JMA・アソシエイツステップワークス事業部、2016年）

Herdieckerhoff, E. 2016. "The Gentle Power of Highly Sensitive People." Speech presented at TEDxIHEParis, Paris, November. https://www.youtube.com/watch?v=pi4JOlMSWjo.（エレナ・ ハーデッカーホフ「感受性の強い人が秘めている力」TEDxIHEParis. https://www.youtube.com/watch?v=pi4JOlMSWjo&t=4s）

Impett, E. A., A. Kogan, T. English, O. John, C. Oveis, A. M. Gordon, and D. Keltner. 2012. "Suppression Sours Sacrifice." *Personality and Social Psychology Bulletin* 38(6): 707–720.

Jagiellowicz, J., X. Xu, A. Aron, E. Aron, G. Cao, T. Feng, and X. Weng. 2011. "The Trait of Sensory Processing Sensitivity and Neural Responses to Changes in Visual Scenes." *Social Cognitive and Affective Neuroscience* 6(1): 38–47.

Jiang, H., M. P. White, M. D. Greicius, L. C. Waelde, and D. Spiegel. 2017. "Brain Activity and Functional Connectivity Associated with Hypnosis." *Cerebral Cortex* 27(8): 4083–4093.

Kaiser, P., D. Kohen, M. Brown, R. Kajander, and A. Barnes. 2018. "Integrating Pediatric Hypnosis with Complementary Modalities: Clinical Perspectives on Personalized Treatment." *Children* 5(8): 108.

Kernberg, O. F. 1984. *Severe Personality Disorders: Psychotherapeutic Strategies.* New Haven, CT: Yale University Press.

Kim, H., S. M. Schneider, L. Kravitz, C. Mermier, and M. R. Burge. 2013. "Mind-Body

Practice. New York: Guilford Press.（デビット・A・クラーク、アーロン・T・ベック著、大野裕監訳、坂本律訳『不安障害の認知療法——科学的知見と実践的介入』明石書店、2014年）

Collinge, W., J. Kahn, and R. Soltysik. 2012. "Promoting Reintegration of National Guard Veterans and Their Partners Using a Self-Directed Program of Integrative Therapies: A Pilot Study." *Military Medicine* 177(12): 1477–1485.

Craig, A. D. 2009. "How Do You Feel—Now? The Anterior Insula and Human Awareness." *Nature Reviews Neuroscience* 10(1): 59–70.

Craig, G. 2011. *The EFT Manual.* Santa Rosa, CA: Energy Psychology Press.（ゲアリー・クレイグ著、ブレンダ監訳、山崎直仁訳『1分間ですべての悩みを解放する!　公式EFTマニュアル』春秋社、2011年）

Creswell, J. D., J. M. Dutcher, W. M. Klein, P. R. Harris, and J. M. Levine. 2013. "Self-Affirmation Improves Problem-Solving Under Stress." *PLoS ONE* 8(5).

De Becker, G. 2010. *The Gift of Fear: Survival Signals That Protect Us from Violence.* London: Bloomsbury.（ギャヴィン・ディー・ベッカー著、武者圭子訳『暴力を知らせる直感の力——悲劇を回避する15の知恵』パンローリング、2017年）

Drexler, S. M., C. J. Merz, T. C. Hamacher-Dang, M. Tegenthoff, and O. T. Wolf. 2015. "Effects of Cortisol on Reconsolidation of Reactivated Fear Memories." *Neuropsychopharmacology* 40(13): 3036–3043.

Durvasula, R. 2018. "Narcissist, Psychopath, or Sociopath: How to Spot the Differences." Medcircle.com, August 8. Accessed October 9, 2018. https://www.youtube.com/watch?v=6dv8zJiggBs.

Dutton, D. G., and A. P. Aron. 1974. "Some Evidence for Heightened Sexual Attraction Under Conditions of High Anxiety." *Journal of Personality and Social Psychology* 30(4): 510–517.

Elliott, S. 2009. *Getting Past Your Breakup: How to Turn a Devastating Loss into the Best Thing That Ever Happened to You.* Cambridge, MA: Da Capo Lifelong.

Felitti, V. J., R. F. Anda, D. Nordenberg, D. F. Williamson, A. M. Spitz, V. Edwards, M. P. Koss, and J. S. Marks. 1998. "Relationship of Childhood Abuse and Household Dysfunction to Many of the Leading Causes of Death in Adults." *American Journal of Preventive Medicine* 14(4): 245–258.

Ferster, C. B., and B. F. Skinner. 1957. *Schedules of Reinforcement.* New York: Appleton-Century-Crofts.

Fetzner, M. G., and G. J. Asmundson. 2014. "Aerobic Exercise Reduces Symptoms of Posttraumatic Stress Disorder: A Randomized Controlled Trial." *Cognitive Behaviour Therapy* 44(4): 301–313.

Field, T., M. Hernandez-Reif, M. Diego, S. Schanberg, and C. Kuhn. 2005. "Cortisol Decreases and Serotonin and Dopamine Increase Following Massage Therapy." *International Journal of Neuroscience* 115(10): 1397–1413.

Fisher, H. E. 2016. "Love Is Like Cocaine." *Nautilus,* February 4. http://nautil.us/issue/33/attraction/love-is-like-cocaine.

Fowler, J. S., N. D. Volkow, C. A. Kassed, and L. Chang. 2007. "Imaging the Addicted Human Brain." *Science & Practice Perspectives* 3(2): 4–16.

Geraci, L., and S. Rajaram. 2016. "The Illusory Truth Effect: The Distinctiveness Effect in Explicit and Implicit Memory." *Distinctiveness and Memory,* 210–234.

PyschCentral.com, May 24. Accessed October 12, 2018. https://psychcentral.com/lib/narcissistic-abuse-affects-over-158-million-people-in-the-u-s.
Bovenizer, S. 2017. "The Limbic System." Accessed July 1, 2019. https://suebovenizer.com/the-limbic-system.
Bowen, S., N. Chawla, S. E. Collins, K. Witkiewitz, S. Hsu, J. Grow, S. Clifasefi et al. 2009. "Mindfulness-Based Relapse Prevention for Substance Use Disorders: A Pilot Efficacy Trial." *Substance Abuse* 30(4): 295–305.
Brach, T. 2020. *Radical Compassion: Learning to Love Yourself and Your World with the Practice of RAIN.* London: Rider Books.（タラ・ブラック著、石村郁夫訳『ラディカル・セルフ・コンパッション――つらい人生を心癒やされる幸せな人生に変化させるために』星和書店、2022年）
Bradshaw, J. 1990. *Homecoming: Reclaiming and Championing Your Inner Child.* London: Piatkus.（ジョン・ブラッドショウ著、新里里春訳『インナーチャイルド――本当のあなたを取り戻す方法［改訂版］』NHK出版、2001年）
Brummelman, E., S. Thomaes, S. A. Nelemans, B. O. Castro, G. Overbeek, and B. J. Bushman. 2015. "Origins of Narcissism in Children." *Proceedings of the National Academy of Sciences* 112(12): 3659–3662.
Buttafuoco, M. J., and J. McCarron, J. 2009. *Getting It Through My Thick Skull: Why I Stayed, What I Learned, and What Millions of People Involved with Sociopaths Need to Know.* Deerfield Beach, FL: Health Communications.
Caddick, N., and B. Smith. 2017. "Combat Surfers: A Narrative Study of Veterans, Surfing, and War Trauma." *Movimento* 23(1): 35.
Carek, P. J., S. E. Laibstain, and S. M. Carek. 2011. "Exercise for the Treatment of Depression and Anxiety." *International Journal of Psychiatry in Medicine* 41(1): 15–28.
Carlson B., P. A. Palmieri, N. P. Field, C. J, Dalenberg, K. S. Macia, K. S., and D. A. Spain. 2016. "Contributions of Risk and Protective Factors to Prediction of Psychological Symptoms After Traumatic Experiences." *Comprehensive Psychiatry*, 69: 106-115.
Carnell, S. 2012. "Bad Boys, Bad Brains." *Psychology Today,* May 14. https://www.psychologytoday.com/blog/bad-appetite/201205/bad-boys-bad-brains.
Carnes, P. P. 2015. *Betrayal Bond: Breaking Free of Exploitive Relationships.* Deerfield Beach, FL: Health Communications.
Carter, S. B. 2012. "Emotions Are Contagious—Choose Your Company Wisely." *Psychology Today,* October 20. Accessed October 12, 2018. https://www.psychologytoday.com/us/blog/high-octane-women/201210/emotions-are-ontagious-choose-your-company-wisely.
Carver, J. 2014. "Stockholm Syndrome: The Psychological Mystery of Loving an Abuser." CounsellingResource.com, December 20. Accessed February 28, 2019. https://counsellingresource.com/therapy/self-help/stockholm/2/.
Cascio, C. N., M. B. O'Donnell, F. J. Tinney, M. D. Lieberman, S. E. Taylor, V. J. Strecher, and E. B. Falk. 2015. "Self-Affirmation Activates Brain Systems Associated with Self-Related Processing and Reward and Is Reinforced by Future Orientation." *Social Cognitive and Affective Neuroscience* 11(4): 621–629.
Clark, A., and A. T. Beck. 2011. *Cognitive Therapy of Anxiety Disorders: Science and*

出典

References

Acevedo, B. P., E. N. Aron, A. Aron, M. Sangster, N. Collins, and L. L. Brown. 2014. "The Highly Sensitive Brain: An fMRI Study of Sensory Processing Sensitivity and Response to Others' Emotions." *Brain and Behavior* 4(4): 580–594.

APA (American Psychiatric Association). 2013. *Diagnostic and Statistical Manual of Mental Disorders.* 5th ed. Arlington, VA: American Psychiatric Publishing.（アメリカ精神医学会著、日本精神神経学会日本語版用語監修、髙橋三郎・大野裕監訳、染矢俊幸・神庭重信・尾崎紀夫・三村將・村井俊哉訳『DSM-5　精神疾患の診断・統計マニュアル』医学書院、2014年）

Archer, D. 2017. "The Danger of Manipulative Love-Bombing in a Relationship." *Psychology Today,* March 6. Accessed January 26, 2019. https://www.psychologytoday.com/us/blog/reading-between-the-headlines/201703/the-danger-manipulative-love-bombing-in-relationship.

Aron, A., E. Melinat, E. N. Aron, R. D. Vallone, and R. J. Bator. 1997. "The Experimental Generation of Interpersonal Closeness: A Procedure and Some Preliminary Findings." *Personality and Social Psychology Bulletin* 23(4): 363–377.

Aron, E. 2016. *The Highly Sensitive Person: How to Thrive When the World Overwhelms You.* New York: Harmony Books.（エレイン・N・アーロン著、片桐恵理子訳『敏感すぎる私の活かし方——高感度から才能を引き出す発想術』パンローリング、2020年）

Bartels A., and S. Zeki. 2000. "The Neural Basis of Romantic Love." *NeuroReport* 11(17): 3829–3834.

Baumeister, R. F., E. Bratslavsky, C. Finkenauer, and K. D. Vohs. 2001. "Bad Is Stronger Than Good." *Review of General Psychology* 5(4): 323–370.

Baumgartner, T., M. Heinrichs, A. Vonlanthen, U. Fischbacher, and E. Fehr. 2008. "Oxytocin Shapes the Neural Circuitry of Trust and Trust Adaptation in Humans." *Neuron* 58(4): 639–650.

Begg, I. M., A. Anas, and S. Farinacci. 1992. "Dissociation of Processes in Belief: Source Recollection, Statement Familiarity, and the Illusion of Truth." *Journal of Experimental Psychology: General* 121(4): 446–458.

Bergland, C. 2013. "Cortisol: Why the 'Stress Hormone' Is Public Enemy No. 1." *Psychology Today,* January 22. https://www.psychologytoday.com/blog/the-athletes-way/201301/cortisol-why-the-stress-hormone-is-public-enemy-no-1.

Berk, L. S., S. A. Tan, W. F. Fry, B. K. Napier, J. W. Lee, R. W. Hubbard, J. E. Lewis, and W. C. Eby. 1989. "Neuroendocrine and Stress Hormone Changes During Mirthful Laughter." *The American Journal of the Medical Sciences*, 298(6): 390-396.

Berman, M. G., J. Jonides, and S. Kaplan. 2008. "The Cognitive Benefits of Interacting with Nature." *Psychological Science* 19: 1207–1212.

Bonchay, B. 2017. "Narcissistic Abuse Affects Over 158 Million People in the U.S."

■著者紹介

シャヒダ・アラビ（Shahida Arabi, MA）

心理学者、作家。コロンビア大学、ハーバード大学で心理学と社会学を専攻し、最優秀の成績で卒業。『Becoming the Narcissist's Nightmare』『Power』『Healing the Adult Children of Narcissists』などの著書がベストセラーとなる。『Psychology Today』『Psych Central』『Salon』『ハフポスト』『Bustle』『the National Domestic Violence Hotline』『the New York Daily News』『Thought Catalog』『VICE Media Group』などの雑誌・新聞・ウェブサイトに寄稿多数。

ウェブサイト　www.shahidaarabi.com

［序文］**アンドレア・シュナイダー**（Andrea Schneider, LCSW）

認定臨床ソーシャルワーカー。サンフランシスコ・ベイエリアで20年以上にわたり数千人のカウンセリングにあたる。専門は、自己愛性虐待（ナルシシスティック・アビューズ）からの回復、母親の心身の健康、トラウマの克服、特別な支援を必要とする子育て、悲しみや喪失感など。

ウェブサイト　www.andreaschneiderlcsw.com

■訳者紹介

黒住奈央子（くろずみ・なおこ）

東京大学文学部卒。国語教諭を経て書籍翻訳に携わる。訳書に『よい親とよい子を育てるマインドフルネスとコミュニケーションスキル』（パンローリング）、『ソマリランドからアメリカを超える―辺境の学校で爆発する才能』（共訳、角川書店）、『17歳でもわかるGRITワークブック』（双葉社）などがある。

翻訳協力／株式会社リベル

2024年1月3日　初版第1刷発行

フェニックスシリーズ ⑮1

敏《びん》感《かん》なHSPによる毒《どく》人《びと》取扱《とりあつかい》説《せつ》明《めい》書《しょ》

著　者　シャヒダ・アラビ、アンドレア・シュナイダー
訳　者　黒住奈央子
発行者　後藤康徳
発行所　パンローリング株式会社
〒160-0023　東京都新宿区西新宿7-9-18　6階
TEL 03-5386-7391　FAX 03-5386-7393
http://www.panrolling.com/
E-mail　info@panrolling.com
装　丁　パンローリング装丁室
印刷・製本　株式会社シナノ

ISBN978-4-7759-4292-5